Rudolf Hildebrandt

PLUS BELLE LA VIE

–

STANDARDSTRUKTUREN IM GESPROCHENEN FRANZÖSISCH

Vademecum für ein effizientes Üben

ibidem-Verlag
Stuttgart

Bibliografische Information der Deutschen Nationalbibliothek
Die Deutsche Nationalbibliothek verzeichnet diese Publikation in der
Deutschen Nationalbibliografie; detaillierte bibliografische Daten sind im
Internet über http://dnb.d-nb.de abrufbar.

Bibliographic information published by the Deutsche Nationalbibliothek
Die Deutsche Nationalbibliothek lists this publication in the Deutsche Nationalbibliografie;
detailed bibliographic data are available in the Internet at http://dnb.d-nb.de.

À Martine, Gérard et Angelo

∞

Gedruckt auf alterungsbeständigem, säurefreien Papier
Printed on acid-free paper

ISSN 2194-8155

ISBN-13: 978-3-8382-1170-1

© *ibidem*-Verlag
Stuttgart 2017

Alle Rechte vorbehalten

Printed in the EU

Inhaltsverzeichnis

1. Einleitung

In der folgenden Analyse stehen die zentralen Untersuchungsziele und Untersuchungsergebnisse in Normalschrift. Weiterführende Überlegungen, Hinweise und zum Teil auch dem Corpus entnommene Beispielsammlungen stehen in kleinerer Kursivschrift.

1.1. Ziel

Wir untersuchen das Vorkommen bestimmter grammatischer Strukturen in der normalen gesprochenen französischen Umgangssprache. Man könnte sie als die „Standardversion" der gesprochenen Umgangssprache bezeichnen.

Wir bestätigen, ergänzen und aktualisieren Untersuchungen, die u. a. von Söll / Hausmann 1974 / 1980, Krassin 1994 sowie vielen anderen Autoren vorgelegt wurden. Da bei diesen Beiträgen aber weder die „normale gesprochene Umgangssprache", wie wir sie definieren, noch die möglichen didaktischen Konsequenzen für den Französischunterricht in der Sekundarstufe I im Vordergrund stehen, wird auf das ausführliche Referieren der wissenschaftlichen Diskussion um die in unserer Arbeit behandelten grammatischen Strukturen verzichtet.

Die Ergebnisse unserer Untersuchung können in fremdsprachendidaktischer Hinsicht für Französischlehrwerke, z.B. in den Aussagen grammatischer Beihefte oder bei der schriftlichen Transkription gesprochener Sprache in den Lehrwerktexten bedeutsam sein. Sie sind aber ebenso relevant für die Sprache, die im Unterricht verwendet, geübt und getestet wird.

Der Gemeinsame Europäische Referenzrahmen für Sprachen von 2001 (GER 2001) verwendet den Begriff der „Standardsprache" bei der Beschreibung der Deskriptoren. Der Begriff dient u.a. der Unterscheidung von Kompetenzniveaus. So verlangt Niveau B1 beim Hörverstehen „Ich kann die Hauptpunkte verstehen, wenn klare Standardsprache verwendet ... wird." (S. 36). Bei B2 heißt es: „Ich kann die meisten Spielfilme verstehen, sofern Standardsprache gesprochen wird." (S. 36). Allerdings fehlt eine nähere Erläuterung des Begriffs. Es ist klar, dass hier eine theoretische Abstraktion vorliegt, die in der Wirklichkeit nicht anzutreffen ist.

Unser Untersuchungsgegenstand ist nun nicht die „Standardsprache" allgemein, sondern die normale gesprochene Umgangssprache, so wie sie im Alltag von möglichst vielen Muttersprachlern als „natürlich" empfunden

wird. Wir suchen also nach einer „Standardversion" der gesprochenen Umgangssprache. Diese „Standardversion" verzichtet weitgehend auf „stören-
de" Elemente, die die gewählte Sprache spezifischen Registern, Textsorten
oder Situationen zuweisen würden. Sie imitiert also z.b. weder durchgängig
den tatsächlich gesprochenen alltäglichen Slang der Jugendsprache, noch
die normgerechtere Sprache von Radio- oder Fernsehsendungen, noch ritua-
lisierte Formen mündlicher Kommunikation, z.b. in Politikerreden. Bei
dieser „Standardversion" handelt es sich wiederum um ein theoretisches
Konstrukt, da kaum authentische Situationen zu finden sein werden, in
denen über einen längeren Zeitraum hinweg unvorbereitete, spontane Dialoge (Söll /Hausmann 1974 / 1980, S. 44) aufgezeichnet werden können, die
dem Kriterium der normalen gesprochenen Umgangssprache entsprechen
würden, zumindest nicht mit vertretbarem Aufwand. Mündliche Inter-
viewsituationen verfälschen das Ergebnis, da sie die Spontaneität der Ant-
worten beeinflussen. Anonyme Aufzeichnungssituationen sind schwierig zu
realisieren. Außerdem ist kaum zu verhindern, dass persönliche Sprechge-
wohnheiten aus dem definierten Rahmen der normalen gesprochenen Umgangssprache fallen.

Wo findet man eine derart auf Verständlichkeit und Natürlichkeit hin
konstruierte gesprochene Umgangssprache, die mit Söll / Hausmann 1974 /
1980, S. 24, als „nicht markiertes Nullregister" bezeichnet werden könnte?
Unsere Antwort: Das theoretische Konstrukt findet sich am besten in einem
weiteren Konstrukt wieder.

Wir vertreten die These, dass langlaufende „séries télévisées" mit hoher
Zuschauertreue dem Modell sehr gut entsprechen. Die dauerhaft hohe Zuschauerquote ist die Gewähr dafür, dass die gewählte Sprache von den Zuschauern als natürlich empfunden wird. Dabei darf es sich natürlich nicht
um ursprünglich anderssprachige Serien handeln, die nur französisch syn-
chronisiert wurden. Und: Sie müssen im normalen französischen Alltag
angesiedelt sein.

*Auch Krassin 1994 untersucht fiktive gesprochene Sprache. Sie schreibt, S. 75: „Es
ist somit das Anliegen dieser Untersuchung, Texte zugrunde zulegen, die eine möglichst natürliche Imitation gesprochener Sprache beinhalten." Dabei handelt es sich
um modernere literarische Dialoge und Monologe. Allerdings fehlt bei diesen Werken die „Natürlichkeits-Kontrolle" durch die Zuschauerquote.*

Die Serie, die u.E. sehr gut dem „Natürlichkeits-Kriterium" entspricht, ist „Plus belle la vie" (PBLV). Es handelt sich um eine „soap opera". Sie wird seit dem 30. August 2004 täglich von montags bis freitags auf France 3 gesendet. Die normalen Episoden dauern etwas mehr als 20 Minuten. Die Episoden sind in „saisons" zusammengefasst. Die 1. Saison beinhaltet z.B. die Episoden 1 bis 260 und ging vom 30. August 2004 bis zum 2. September 2005. Am 04. Oktober 2017 lief die Episode Nr. 3378 in der 13. Saison (!). Die Serie wird fortgesetzt. Nach etwas schwierigem Beginn stellte sich bald ein großer Erfolg ein. Der Marktanteil betrug zu den besten Zeiten mit über 6 Millionen Zuschauer 22 % und bei den 15–34-jährigen sogar 25 %. Allerdings ist in den letzten Jahren eine Abnahme festzustellen, aber mit 4,4 Millionen Zuschauer (ca. 18 %) ist der Marktanteil immer noch bedeutend. Einzelne Episoden erreichen bisweilen weiterhin mehr als 5 Millionen Zuschauer. Der Erfolg ist also überaus konstant.

Diese und viele weitere Informationen zu PBLV finden sich auf der französischen Wikipedia-Seite http://fr.wikipedia.org/wiki/Plus_belle_la_vie.

Inhaltlich ähnelt PBLV der deutschen Lindenstraße. Es geht um das alltägliche Leben der Bewohner eines fiktiven Viertels in Marseille, „Le Mistral" genannt. Vorbild ist das real existierende Viertel „Le Panier". Die Bewohner des Viertels „Le Mistral" sind sozial gemischt. Es kommen im untersuchten Corpus verschiedene leichte Akzente vor (Marseille, Maghreb). Diese beeinträchtigen aber die Verständlichkeit in keiner Weise und bleiben ohne Auswirkungen auf die verwendeten grammatischen Strukturen.

1.2.   Corpus

Grundlage der Untersuchung ist die Transkription der Episoden 1–7 aus dem Jahr 2004 (Erstausstrahlung). Die Episoden stehen auf einer DVD zur Verfügung, die käuflich über verschiedene Quellen erworben werden kann. Ein Blick ins Internet hilft hier schnell weiter.

Die Episoden wurden auf der Grundlage von Sehen und Hören transkribiert.

Ich danke meinem ehemaligen Arbeitskollegen Gilles Floret für seine Hilfestellungen bei der Transkription.

Die Brutto-Gesamt-Dauer der Episoden 1–7 beträgt ca. 160 Minuten. Wenn man hiervon ca. 15 % Sprechpausen abzieht, verbleibt eine Netto-Sprechzeit von ca. 136 Minuten.

Das Corpus besteht aus 2912 Sätzen. Hierbei wird nicht nach ellipti-schen und vollständigen Sätzen unterschieden. Sprechernamen und Regie-anweisungen wurden ausgefiltert.

Das Textverarbeitungsprogramm Word zählt als Brutto-Gesamt-Wortzahl der Transkription ca. 24517 Wörter. Zieht man hiervon ca. 15 % für Sprechernamen und Regieanweisungen ab, verbleiben ca. 20839 Wörter.

Es sei noch einmal klargestellt, dass es sich bei diesem Sprachmaterial nicht um spontane gesprochene Sprache handelt. Die Dialoge wurden von Drehbuchschreibern verfasst. Es ist zweifellos simulierte gesprochene Spra-che. Diese „fingierte Mündlichkeit" (Schafroth 1993, S. 245) wird aber von den Drehbuchschreibern unter dem Zwang der Quote so realisiert werden müssen, dass sie das Sprachgefühl der anvisierten „breiten Masse" weder nach „oben" noch nach „unten" irritiert. Einerseits: Wenn im untersuchten Corpus in hoher Frequenz Formen auftreten, die nicht der grammatischen Norm entsprechen, z.B. vor Vokal „t' (elidiert)" statt „tu" („T'as raison."), dann ist davon auszugehen, dass diese Formen von den Zuschauern als „natürlich" empfunden werden. Dieser Varietät wird also eine gewisse nor-mative Größe zugebilligt. (Vgl. Schafroth 1993, S. 10.) Andererseits: Wenn Normverstöße, die in der realen gesprochenen Sprache eine gewisse Fre-quenz haben mögen, wie z.B. „que" statt „dont" in Relativsätzen („le livre que je t'ai parlé"), diese aber im Corpus von PBLV in den normalen All-tagssituationen nicht vorkommen, dann ist dies ein Indiz dafür, dass die Zuschauer diese Formen als irritierenden Substandard empfinden würden. Bei der Frage, ob die Dialoge von PBLV die „normale gesprochene Um-gangssprache" repräsentieren, gehen wir letztlich nicht von der Produktion, sondern von der Rezeption aus: Die hohe Zuschauerquote belegt, dass die Sprache von PBLV von den Zuschauern als völlig normal empfunden wird und sie deshalb als eine „Standardversion" der gesprochenen Umgangsspra-che interpretiert werden kann. Das bedeutet nicht, dass das Corpus hinsicht-lich der verwendeten Strukturen homogen sein muss. Die Dialogteilnehmer realisieren durchaus unterschiedliche Varietäten, also z.B. die Verneinung mit und ohne „ne".

Siehe Hunnius 1988, S. 337: „Statt eines eindeutigen Gegensatzes zwischen zwei getrennten Systemen präsentiert sich dem Beobachter ein Mischungskontinuum, für dessen Gliederung der individuellen Interpretation erheblicher Spielraum bleibt. "

Wenn aber die durchschnittliche Frequenz eindeutig zugunsten einer bestimmten Form spricht, dann gibt es gute Gründe, diese als die „Standardform" zu bezeichnen, die in der didaktischen Vermittlung nicht einfach ignoriert werden sollte.

Dabei ist einzuräumen, dass das untersuchte Corpus beschränkt und seine Repräsentativität unsicher ist. Das überschaubare Corpus schafft aber Untersuchungsbedingungen, die einem „Laborexperiment" ähneln. Die Aussagekraft der Ergebnisse ist u.E. groß genug, um z.B. bei der Gestaltung didaktischer Materialien bedacht zu werden.

Unserer Meinung nach eignet sich das Corpus gut, um die bisherige Schwerpunktsetzung bei der Einführung, dem Üben und dem Testen grammatischer Strukturen „frequenzorientiert gegen den Strich zu bürsten". Dabei geht der Ansatz nicht davon aus, dass sich Unterricht in einer Abfolge von Grammatikinstruktionen erschöpft oder dass Klassenarbeiten bzw. Schulaufgaben sich in traditioneller Weise mit dem Abfragen einzelner Grammatikformen beschäftigen. Trotzdem wird es ohne die Erklärung, dem Üben und dem punktuellen Testen von Grammatik nicht gehen, auch wenn dies „in dienender Funktion" geschieht: Alle neueren Lehrwerke für den Französischunterricht in der Sekundarstufe I sehen entsprechende Phasen vor und diese Phasen sind auch im modernen kompetenzorientierten Unterricht nach wie vor alltägliche Praxis.

Wenn in unserer Untersuchung auf Französischlehrwerke oder lehrwerkunabhängige Grammatiken verwiesen wird, so geschieht dies immer beispielhaft. Die Bemerkungen zielen also nicht auf diese konkreten didaktischen Materialien, vielmehr geht es immer um grundsätzliche Fragen, die man auch anhand anderer Lehrwerke erörtern könnte. Trotzdem wird natürlich bei der Auswahl eine gewisse Repräsentativität angestrebt. Deshalb stehen die Lehrwerke und Grammatiken des Klett-Verlages im Vordergrund, da sie in Deutschland im schulischen Französischunterricht zumindest der Sekundarstufe I den größten Marktanteil haben.

1.3. Untersuchungsbereiche

Wir untersuchen **im ersten Teil** das Vorkommen bestimmter grammatischer Strukturen, um festzustellen, ob sich bei alternativen Realisierungen eine Form als deutlich zahlenmäßig dominant erweist. Erreicht die Dominanz mehr als 75 %, bezeichnen wir diese Realisierung als „Standardform" in der normalen gesprochenen Umgangssprache. Die Grenze von 75 % ist sicher willkürlich, aber im Zusammenhang der Untersuchung plausibel. Unter diesem Blickwinkel überprüfen wir

- das Subjektpronomen „tu" im Vergleich zu seiner elidierten Form „t' (Apostroph)" vor Vokal bzw. „stummen h"
- das Subjektpronomen „nous" im Vergleich zu „on"
- „c'est" vs. „ce sont" vor Nomen im Plural
- „ça" vs. „cela"
- „des" vs. „de" vor voranstehendem Adjektiv im Plural
- verschiedene Frageformen
- die Verneinung mit und ohne „ne"
- das Futur simple im Vergleich zum Futur composé.

Wir betrachten **im zweiten Teil** grammatische Phänomene, die auf jeden Fall zu den Standardstrukturen der normalen gesprochenen Umgangssprache gehören. Es handelt sich um

- die „mise en relief"
- die unverbundenen Personalpronomen
- die Relativpronomen
- das Gérondif
- die Bedingungssätze
- den Subjonctif
- die Zeitenfolge
- das Imparfait.

Bei dieser Analyse geht es um die Frage, ob bestimmte Aspekte der Strukturen wesentlich häufiger als andere auftreten. Um die größtmögliche kommunikative Rentabilität zu erreichen, wäre es didaktisch gesehen klug, beim Üben besonders diese frequenten Aspekte in den Vordergrund zu stellen.

Insgesamt wäre es ein für die Vermittlung des Französischen lohnenswertes Forschungsvorhaben, die Untersuchung an weiteren grammatischen Formen fortzuführen.

Natürlich liegen zu den angesprochenen Grammatikkapiteln bereits Frequenzuntersuchungen vor. Diese erfolgten aber nie unter der Fragestellung, welche Folgerungen aus dem Vorkommen in einer „Standardversion" der gesprochenen Umgangssprache für die didaktische Aufbereitung gezogen werden können. Wir verzichten deshalb auf eine ausführliche Diskussion dieser Untersuchungen.

2.   Ergebnisse Teil 1

2.1.   Das didaktische Fazit zu Teil 1

2.1.1. Bei einigen Strukturen wäre die Erläuterung und Darstellung „vom Kopf auf die Füße" zu stellen.

Beim verbundenen Subjektpronomen der 2. Person Singular ist vor Vokal „t' (elidiert)" die Standardform, also die Regel, „tu" ist die Ausnahme. Ebenso sind „on" in der Bedeutung „wir", „c'est" vor Nomen im Plural sowie die Verneinung ohne „ne" die Standardformen, also die Regel. Das verbundene Subjektpronomen „nous" in der Bedeutung „wir", „ce sont" vor Nomen im Plural sowie die Verneinung mit „ne" sind die Ausnahmen. Diese Gewichtung müsste bei der grammatischen Erläuterung und Unterweisung deutlich werden, sich aber auch in den Lehrwerktexten und den entsprechenden Tonaufnahmen wiederfinden.

Es ist selbstverständlich, dass diese Empfehlung in keiner Weise auf einem wertenden Urteil beruht, welches der gesprochenen Sprache grundsätzlich das didaktische Primat gegenüber geschriebener Sprache einräumen würde. Vielmehr geht es nur ganz deskriptiv-objektiv darum, Frequenzen innerhalb einer bestimmten Ausprägung der gesprochenen Sprache, nämlich der „normalen gesprochenen Umgangssprache", mit Blick auf mögliche didaktische Konsequenzen festzustellen. Siehe hierzu auch Hunnius 1988, S. 337.

2.1.2. In den Lehrwerken wird aktuell schon zurecht „ça" statt „cela" als Standardform der normalen gesprochenen Umgangssprache behandelt.

2.1.3. Es wäre zu bedenken, ob nicht von Beginn an in den Lehrwerktexten gezeigt werden sollte, dass vor voranstehenden Adjektiven im Plural neben „des" auch das verkürzte „de" möglich ist.

2.1.4. Bei der Einführung der verschiedenen Fragemöglichkeiten wäre die Bedeutung der „est-ce que-Frage" erheblich zu reduzieren.

Hier kann man nur wiederholen, was Krassin schon 1994 schrieb, S. 30: „Bei der schwierigen didaktischen Vermittlung der verschiedenen Fragekonstruktionen sollten die mittlerweile vorliegenden Untersuchungsergebnisse wesentlich mehr berücksichtigt und beispielsweise weniger die est-ce que- und mehr die Intonationsfrage, sei es bei Satz- oder auch bei Wortfragen, in den Vordergrund gestellt werden."

Die normale gesprochene Umgangssprache kommt besonders bei Ergänzungsfragen ohne die „est-ce que-Frage" aus. Aus dem Quartett der Fragewörter „qu'est-ce que" / „qu'est-ce qui" / „qui est-ce que" / „qui est-ce qui" lohnt sich nur für „qu'est-ce que" ein gründliches Üben. „Qu'est-ce qui" kann im Rahmen feststehender Wendungen, wie z.B. „Qu'est-ce qui se passe?" / „Qu'est-ce qui t'arrive?" ohne weitere Kognitivierung vermittelt werden.

Neben „qu'est-ce que" ist wegen der Frequenz die Intonationsfrage mit „quoi" wichtig, z.B. „Ça veut dire quoi?".

Trotz möglicher „puristischer" Bedenken gilt: In der normalen gesprochenen Umgangssprache wird die Frage mit „pourquoi" als Intonationsfrage formuliert, wobei „pourquoi" immer voransteht.

2.1.5. Bei der Alternative zwischen Futur composé und Futur simple sollte darauf geachtet werden, dass in den Lehrwerks-Situationen, in denen die normale gesprochene Umgangssprache zu erwarten ist, das Futur simple neben dem Futur composé seinen Platz behält.

Generell stellt sich die Frage, ob z.B. bei „tu" versus „t' (elidiert)" oder bei der Negation mit und ohne „ne" es die Schüler nicht unnötig belastet, beide Varietäten kennen zu lernen. So schreibt Abel 1998, S. 28: „Es liegt daher nahe, für die fremdsprachlichen Äußerungen der Schüler als ‚Zielsprache des Fremdsprachenunterrichts' ... ein relativ neutrales stilistisches Register zu empfehlen, das man beim höflichen Umgang mit Fremden gebrauchen kann. Wenn dieses Register Ausdrucksmittel aufweist, die einander ersetzen können, sollte man vorrangig jene Einheiten und Regeln unterrichten, die sowohl gesprochen als auch geschrieben verwendet werden, damit den Schülern die Aneignung der entsprechenden Differenzierungen erspart bleibt." Dieses „Neutral Französisch", das in der didaktischen Produktion viele Anhänger hat, übersieht, dass mit Blick auf „gesprochen" oder „geschrieben" die Frequenzverhältnisse bei bestimmten Strukturen sehr unterschiedlich sind. Eine in der normalen gesprochenen Umgangssprache hochfrequente simple Frage wie „Pourquoi t'es pas venu?" ist dann eben in den Dialogen eines Lehrwerks der Sekundarstufe I kaum zu finden. Dies ist in der Tat der aktuelle Stand der Dinge. Der 13-jährige junge Franzose würde dann seinen „copain" fragen: „Pourquoi est-ce que tu n'es pas venu?" Das mag sicher vorkommen, dürfte aber sehr selten sein. Welches Französisch soll in didaktischen Materialien der Sekundarstufe I gezeigt werden? Die normale gesprochene Umgangssprache oder eine didaktisierte Kunstsprache? Demgegenüber schreibt Hunnius 1991, S. 118, mit Blick auf die klitischen Pronomina zu Recht: „Die in den Grammatiken aufgeführten Pronominalparadigmen täuschen, da sie sich in der Regel mit der Nennung der jeweiligen Standardform begnügen, eine trügerische Einheitlichkeit vor. Diese darstellerische Vereinfachung, die gewöhnlich nicht als solche gekennzeichnet ist, hat den gravierenden Nachteil, eines der wesentlichen Charakteristika der klitischen Pronomina nicht in Erscheinung treten zu lassen. Der Einfachheit zuliebe neigt man gern dazu, von dem verwirrend großen Reichtum an kombinatorischen Varianten, der sich durchgängig bei jedem einzelnen Morphem zeigt, abzusehen." Hunnius meint hier mit *„Standardform"* die Form, die von der normativen Grammatik gefordert wird.

2.2. Die Ergebnisse im Detail

2.2.1. „tu" vs. „t' (elidiert)"

Die Zahlen beziehen sich auf die Vorkommenshäufigkeit.

Subjektpronomen „**tu**" vor Vokal/stummem h:

tu + a (z.B. „tu as", „tu appelles"): 13; tu + e (z.B. „tu es", „tu en auras"): 16; tu + i („tu imagines"): 1;

tu + y („tu y as pensé"): 1; tu + o („tu obtiens"): 1; keine weiteren Vorkommen mit Vokal oder „h";

Summe: 32

Subjektpronomen „**t' (elidiert)**" vor Vokal/stummem h (zu unterscheiden vom Objektpronomen!):

t' + a (z.B. „t'as", „t'appelles"): 77; t' + e (z.B. „t'es", „t'entends"): 55; t' + é („t'étais"): 4;

t' + i („t'imagines"): 1; t' + y („t'y vas"): 1; keine weiteren Vorkommen mit Vokal oder „h";

Summe: 138

Zusammenfassung:

Gesamtvorkommen Subjektpronomen 2. Ps. Sg. vor Vokal = 170;

tu = 32 = 18,82 %; t' = 138 = 81,18 %.

Ergebnis: In der normalen gesprochenen Umgangssprache ist als verbundenes Subjektpronomen der 2. Ps. Sg. vor Vokal „t' (elidiert)" die Standardform.

Es ist anzunehmen, dass die Verteilung vor stummem h ähnlich ist. Allerdings ist dieser Fall im Corpus nicht belegt.

2.2.2. Verbundenes Subjektpronomen „nous" vs. „on"

Wir zählen im Corpus:

„nous": 4

„on": 243; davon „on" = „man": 65; „on" = „tu / vous": 10; „on" = „nous":168

Zusammenfassung: Gesamtvorkommen „nous" + „on" = 247

„nous" = 4 = 1,62 %

„on" = „nous" = 168 = 68,02 %

„on" = „man" = 65 = 26,32 %

„on" = „tu / vous" = 10 = 4,05 %

Vergleicht man nur die Entsprechung für „wir", so lautet das Ergebnis bei einem Gesamtvorkommen von 172: „nous" = 4 = 2,33 %, „on" = „nous" = 168 = 97,67 %.

Ergebnis: In der normalen gesprochenen Umgangssprache ist als Entsprechung für „wir" (Subjektpronomen der 1. Ps. Pl.) „on" die Standardform.

2.2.3. „c'est" vs. „ce sont" vor Nomen im Plural

Es wurden die folgenden Fälle überprüft: „c'est ..." / „ce n'est ..." / „ce sont ..." / „ce ne sont ..." / „ce sera ..." / „ce ne sera ..." / „ce seront ..." / „ce ne seront ...". Die Formen des Imparfait, des Conditionnel présent sowie des Subjonctif wurden nicht berücksichtigt, da sich beim Hören die 3. Person Singular und Plural nicht unterscheiden lassen.

Nur „c'est ..." ist mit Nomen im Plural belegt, und zwar 9x.

Hier alle Vorkommen: „Depuis quand c'est les enfants qui fliquent les parents, dis!" / „D'abord, c'est pas les locataires qui sont recalculés, c'est les chômeurs, hein." / „Ah bah, c'est les filles, ça c'est magique." / „Heu, le deuxième tiroir, c'est les mouchoirs." / „C'est quelques détails." / „Non, pas du tout, c'est deux allers simples." / „C'est les prémisses d'une dépression." / „Dans le privé, c'est pas les beaux chantiers qui manquent en ce moment à Marseille." / „La pétanque, c'est des histoires anciennes."

Die Kombination mit den unverbundenen Pronomen „eux „/ „elles", bei denen nach den Grammatiken auch „ce sont" stehen könnte, ist im Corpus nicht belegt.

Ergebnis: Die empirische Basis ist sehr schmal, aber eindeutig. In der normalen gesprochenen Umgangssprache ist vor Nomen im Plural „c'est" die Standardform.

2.2.4. „ça" vs. „cela"

Wir zählen im Corpus:

„cela": 1

„ça": 322

Ergebnis: Die Form „cela" kommt nur 1x vor, und zwar in der förmlichen Situation eines Gespräches zwischen einem Bankangestellten und einem Kunden. („Alors, cela concernera aussi madame.") In der normalen gesprochenen Umgangssprache ist „ça" die Standardform. Das Ergebnis kommt nicht unerwartet, ist in seiner Eindeutigkeit trotzdem beeindruckend.

2.2.5. „des" vs. „de" vor voranstehendem Adjektiv im Plural

Wir zählen im Corpus:

„des": 5

Hier alle Vorkommen: „Tu sais Mélanie, si un jour je suis un grand avocat ..., je t'offrirai des grandes vacances." / „Ton père et moi, en ce moment, on a des petits problèmes d'argent." / „Oh, ne t'inquiète pas, j'ai l'habitude, j'en ai soigné des vieilles dames en Algérie et des pas commodes." / „On commence par faire des petites dettes, et puis des grosses." / „S'il y avait des bons pointeurs dans le nord, ça se saurait."

„de": 5

Hier alle Vorkommen: „Avec tout ce qui s'est passé l'année dernière, je voulais qu'on reprenne sur de nouvelles bases." / „C'est la fête de ma mère, il y a rien que de bonnes choses là-dedans." / „Une nouvelle vie avec de nouvelles règles de vie." / „Tu pourrais faire de mauvaises rencontres." / „Est-ce que je vais me faire des potes, de vrais amis, tu sais?"

„d' (elidiert)": kein Vorkommen

Ergebnis: Die empirische Basis ist auch hier schmal. Die Struktur „de/des" vor vorangestelltem Adjektiv im Plural ist insgesamt wenig frequent. Der Fall, dass das Adjektiv vokalisch anlautet (z.B. „ce sont d'excellentes nouvelles") kommt gar nicht vor. Trotzdem gibt das Ergebnis zu denken. In den Lehrwerken wird häufig die Entscheidung getroffen, nur noch den vollen unbestimmten Artikel vor voranstehendem pluralischen Adjektiv zu vermitteln. Es scheint aber doch so zu sein, dass auch in der normalen gesprochenen Umgangssprache die Verkürzung auf „de" lebendig ist und ebenfalls als Standardform bezeichnet werden kann.

2.2.6. Frageformen

Kurzfragen (ohne flektiertes Verb) werden für die Zählung nur unter Punkt 2.2.6.8 berücksichtigt.

2.2.6.1. Zunächst zur **Verteilung der Frageformen** Intonationsfrage, est-ce que-Frage und Inversionsfrage in Entscheidungs- und Ergänzungsfragen:
Fragen insgesamt: 382;
davon: Entscheidungsfragen: 233 = 61 %, Ergänzungsfragen: 149 = 39 %.
Entscheidungsfragen insgesamt: 233;
davon: Intonationsfragen: 230 = 98,71 %; est-ce que-Fragen: 3 = 1,29 %; Inversionsfragen: 0.
Ergänzungsfragen insgesamt: 149;
davon: Intonationsfragen: 108 = 72,48 %; „est-ce que" kommt nur in „qu'est-ce que" und „qu'est-ce qui" vor: 37 = 24,83 %; Inversionsfragen: 1 = 0,67 % (nur eine echte mit nachgestelltem Pronomen: „Monsieur Martinot, comment allez-vous?"). Außerdem kommen noch 2x „Qui est là?" und 1x „Qui a eu l'idée?" vor.

Wenn also „qu'est-ce que" und „qu'est-ce qui" nicht als est-ce que-Frage, sondern als feste Fragewörter gewertet und diese aus der Zählung herausgenommen werden, so beträgt das Verhältnis von Intonationsfragen zu echten Inversionsfragen 108 zu 1, also ca. 99 % zu 1 %.

2.2.6.2. Nun zur **Frequenz der einzelnen Fragewörter:**
„quoi" = 30; „qu'est-ce que" = 29; „pourquoi" = 19; „où" = 18; „qui" = 16; „comment" = 11; „qu'est-ce qui" = 9; „quel" = 7; „quand" = 4; „combien (de)" = 4

2.2.6.3. Wie steht es um die **Häufigkeit der Voran- bzw. Nachstellung** einzelner Fragewörter?
– Fragewörter mit Präferenz für die **Voranstellung** des Frageworts in der Intonationsfrage:
„comment" (9 voran, 2 nach); „quel" (5 voran, 2 nach); „pourquoi" kommt ausschließlich als Intonationsfrage mit vorangestelltem „pourquoi" vor!

– Fragewörter mit Präferenz für die **Nachstellung** des Frageworts in der Intonationsfrage: „quoi" (27 nach, 3 voran); „où" (14 nach, 4 voran); „qui" (8 nach, bei den Vorkommen, bei denen auch Voranstellung möglich wäre); „quand" (3 nach, 1 voran).

2.2.6.4. Zum Verhältnis von **„qu'est-ce que"** und **„quoi"**:
Es sind die häufigsten Fragewörter. Sie stehen meist in Konkurrenz, d.h. beide Formen wären möglich, um die Frage auszudrücken. „Quoi" wird eher in kurzen Fragen bevorzugt und wenn es um die Frage nach der Identität einer Sache geht. 3x kommt „qu'est-ce que" in Verbindung mit „c'est" vor („Qu'est-ce que c'est, ça?" / „Qu'est-ce que c'est que ce bordel?" / „Qu'est-ce que c'est que cette loque?"), aber 13x kommt „quoi" in Verbindung mit „c'est" vor, z.B. „C'est quoi, ça?".

2.2.6.5. Zu „qu'est-ce qui":
„Qu'est-ce qui" kommt ausschließlich in Verbindung mit „passer" und „arriver" vor, um zu fragen, was (jemandem) geschieht, z.B. „Qu'est-ce qui se passe?" oder „Qu'est-ce qui t'arrive?".

2.2.6.6. Zu „qui" und „qui est-ce qui/que":
„Qui est-ce qui" kommt nicht vor. Bei der Frage nach der Identität einer Person wird nur „qui" verwendet, z.B. „Et lui, c'est qui?" / „Et t'as vu qui?". Die Frage nach dem personalen direkten Objekt („qui" oder „qui est-ce que") kommt nicht vor. Die Inversion „qui est-ce" ist nicht belegt. Die Struktur „qui c'est qui" kommt 3x vor („Qui c'est qui s'occupera de vous?" / „Hé, qui c'est qui a lâché l'autre, hein?" / „Qui c'est qui est parti à l'autre bout de la France ...?").

2.2.6.7. „non" als nachgestelltes „Fragewort":
Eine gewisse Bedeutung hat das „non" als Zustimmung erheischendes „Fragewort" am Ende von Entscheidungsfragen. Es kommt 17x vor. Wenn es darum geht, aus einer Aussage eine Entscheidungsfrage zu machen, ist es also wesentlich frequenter als die Frageformel „est-ce que".

Hier alle Vorkommen: „Elle est peut-être avec Papy, non?" / „Tu peux le comprendre ça quand même, non?" / „Je suis encore chez moi, non?" / „T'as un truc à te faire pardonner, non?" / „Et alors, tu vas pas l'abandonner parce que tu m'aimes, non?" / „Tu vas peut-être appeler ton père, non?" / „Ce poste, c'est la stabilité, une chance de devenir père à plein temps, c'est ce que vous vouliez, non?" / *„On s'en sortira, on s'en est toujours sortis, non?"* / *„Ouais, du pain, du beurre et de la confiture aussi, non?"* / *„Eh ben justement, c'est le début de l'accoutumance, non?"* / *„Pas interdit que je sache, non?"* / *„Bon écoute, Rudy, mon école de cinéma, c'est quand même un peu plus important qu'une nana de passage, non?"* / *„Regarde, maman, bon, c'est pas encore top top mais ça le fait presque, non?"* / *„C'était les plus belles vacances qu'on ait jamais eues, non?"* / *„Ça mérite un petit effort, non?"* / *„Avoue que c'est pas banal, non?"* / *„C'est un plus, avec Picmal, non?"*

2.2.6.8. Zur Häufigkeit von Kurzfragen:

Als Kurzfragen wurden Fragen ohne flektiertes Verb, aber mit signifikantem Funktionswort (Fragewort, Konjunktion, etc.) gezählt. Nur die Fälle werden berücksichtigt, die mindestens 3x vorkommen. Es zeigt sich erneut die hohe Frequenz von „quoi". Es kommt vor als Rückfrage beim Nichtverstehen, als Frage nach der Identität und als Ausdruck des Erstaunens. Ebenso häufig tritt „alors" auf.

Hier die Reihenfolge (fett jeweils das Funktionswort, danach die Realisierung):

„quoi" (19x): „Quoi?" (10x); „De quoi?" (3x); „Oh, quoi?"; „Bah, quoi?"; „Quoi, si c'est pas indiscret?"; „A quoi?"; „Au lieu de quoi?"; „Quoi, jeune?"

„alors" (19x): „Alors?" (9x); „Et alors?" (2x); „Bah, alors?" (2x); „Alors, ce voyage?"; „Alors, cet aïoli?"; „Bon alors, le Canada?"; „Et nous alors?"; „Bon, alors?"; „Hm, hm, oui, alors?"

„et" (11x): „Et votre femme?"; „Et vos amis du parti?"; „Et mes potes?"; „Et toi?"; „Ça va, merci, et vous, Roland?"; „Et la police?"; „Et ton avis?"; „Et ton café?"; „Et François?"; „Et à qui?"; „Et la banquière?"

„comment" (10x): „Comment ça?" (3x); „Comment?" (2x); „Mais comment?"; „Euh, Eros comment?"; „Mais comment ça, on s'en fout?"; „Comment ça, malgré mon grand âge?"; „Comment ça, «foutu»?"

„pourquoi" (8x): „Mais pourquoi?" (3x); „Pourquoi?" (2x); „Pourquoi, euh?"; „Pourquoi pas?"; „Bah, pourquoi pas?"

„quel" (5x): „Quel genre?"; „Quel genre d'ennuis?"; „Quels problèmes?"; „Quel mouroir?"; „Quelle maison?"

„qui" (5x): „Qui?" (2x); „De qui d'après toi?"; „A qui?"; „Qui? Moi?"

„d'accord" (4x): „D'accord?" (4x)

„hein" (4x): „Hein?" (4x)

„bien" (3x): „Bien dormi?" (2x); „Bien et toi?"

„bon" (3x): „Ah bon?" (3x)
„à" (3x): „A cause?"; „A ton avis?"; „A mon âge?"
„allô" (3x): „Allô?" (3x)

2.2.6.9. Ergebnis:

In der normalen gesprochenen Umgangssprache ist sowohl bei den Entscheidungsfragen als auch bei den Ergänzungsfragen die Intonationsfrage die Standardform. Die Frage mit „est-ce que" ist bei der Entscheidungsfrage sehr selten (1,29 %), bei der Ergänzungsfrage kommt sie gar nicht vor. Auch die Inversionsfrage kommt praktisch nicht vor. Nur eine einzige Form mit nachgestelltem Subjektpronomen ist in der Ergänzungsfrage belegt. Dabei handelt es sich um die Höflichkeitsfloskel „Comment allez-vous?", ausgesprochen in einer förmlichen Begrüßungssituation in einer Bank.

Eine gewisse Bedeutung hat das „non" als Zustimmung erheischendes „Fragewort" am Ende von Entscheidungsfragen. Es kommt 17x vor. Wenn es darum geht, aus einer Aussage eine Entscheidungsfrage zu machen, ist es also wesentlich frequenter als die Frageformel „est-ce que".

„Est-ce que" spielt in der Ergänzungsfrage nur bei den Fragewörtern „qu'est-ce que" und „qu'est-ce qui" eine Rolle. Dabei kommt „qu'est-ce qui" ausschließlich in Verbindung mit „passer" und „arriver" vor, um zu fragen, was (jemandem) geschieht, z.B. „Qu'est-ce qui se passe?" oder „Qu'est-ce qui t'arrive?", die Verwendung ist also sehr limitiert. Bei der Frage nach der Identität einer Person wird nur „qui" verwendet, z.B. „Et lui, c'est qui?". Die Fragewörter „qui est-ce qui" sowie die Frage nach einem personalen direkten Objekt mit „qui" bzw. „qui est-ce que" kommen im Corpus nicht vor.

Die frequentesten Fragewörter sind „quoi" und „qu'est-ce que". Sie stehen häufig in Konkurrenz, d.h. beide Formen wären möglich, um die Frage auszudrücken. „Quoi" wird eher in kurzen Fragen bevorzugt und wenn es um die Frage nach der Identität einer Sache geht.

Hinsichtlich der Voran- oder Nachstellung des Fragewortes in den Ergänzungsfragen sind gewisse Präferenzen, aber keine Regelmäßigkeiten festzustellen. „Quoi" und „pourquoi" sind die Ausnahmen.

Bei „quoi" gibt es nur zwei Voranstellungen, beide mit Präposition („A quoi elles te servent tes études d'avocats …?" und „A quoi tu penses?"). Als Fragewort allein ist die Nachstellung von „quoi" die Standardform.

Für „pourquoi" gilt: In der normalen gesprochenen Umgangssprache wird die Frage mit „pourquoi" als Intonationsfrage formuliert, wobei „pourquoi" immer voransteht, z.B. „Pourquoi tu me dis ça?". Dies ist die Standardform.

Die Häufigkeit von „quoi" findet sich auch bei den Kurzfragen, also bei den Fragen ohne Verb, aber mit signifikantem Funktionswort. Formulierungen mit „quoi" und „alors" sind am häufigsten, danach mit Abstand „et".

2.2.7. Verneinung

2.2.7.1. Bei der Frage, ob eine Verneinung ohne oder mit dem Partikel „ne" bzw. „n' (elidiert)" gebildet wird, ergibt sich beim Hören die Schwierigkeit, dass auf Grund der Verschleifung nicht immer eindeutig festzustellen ist, ob ein „ne/n' (elidiert)" gesprochen wurde oder nicht. Besonders in Verbindung mit dem Subjektpronomen „on" (z.B. „on a plus d'argent") gibt es manchmal Zweifel. Insofern weisen die folgenden Ergebnisse einen gewissen Unsicherheitsfaktor auf.

Die Frage, wann in der normalen gesprochenen Umgangssprache das „ne" der Verneinung entfällt und wann nicht, lässt sich über die quantitative Auswertung hinaus kaum seriös beantworten. Die besondere Betonung einer Aussage oder graduelle Unterschiede in der Förmlichkeit einer Situation sind Indizien, ändern aber nichts an der Tatsache, dass der Wechsel sogar innerhalb aufeinanderfolgender Sätze beim selben Sprecher auftreten kann. (Beispiel 1: „Ne t'inquiète pas, c'est normal, c'est ton métier. Mais, te réjouis pas trop vite, parce que tu sais, Rachel, elle n'est pas toujours facile." Beispiel 2: „Je n'en sais rien. Mais j'en sais rien.") Die vorliegende Untersuchung wertet das Material deshalb rein quantitativ aus.

Die Zahlenverhältnisse können am besten in einer Tabelle (siehe folgende Seite) dargestellt werden.

Kurzformen (ohne flektiertes Verb) werden für die Zählung nur unter 2.2.7.5 berücksichtigt.

2.2.7.2. Verneinungen mit potentiellem „ne/n' (elidiert)" insgesamt: 556

mit ne/n'	91	16,37 %	ohne ne/n'	465	83,63 %

davon mit					
(ne/n' ...) **pas** insgesamt: 419					
ne/n' ... pas	68	16,23 %	pas	351	83,77 %
(ne/n' ...) **plus** insgesamt: 48					
ne/n' ... plus	9	18,75 %	plus	39	81,25 %
(ne/n') ... **rien** insgesamt: 29					
ne/n' ... rien	3	10,34 %	rien (Objekt)	26	89,66 %
(ne/n' ...) **jamais** insgesamt: 29					
ne/n' ... ja-mais	4	13,79 %	jamais	25	86,21 %
(ne/n') ... **que/qu'** insgesamt: 16					
ne/n' ... que/qu'	2	12,5 %	que/qu'	14	87,5 %

rien (ne/n'): Vorkommen zu selten; nicht ausgewertet				
rien ne ...	2		rien (Sub-jekt)	0
personne (ne/n') und (ne/n') ... personne: Vorkommen zu selten; nicht ausgewertet				
Personne ne ...	1		personne (Subjekt)	2
ne ... personne	0		personne (Objekt)	2
ni ... ni ... (ne/n') und (ne/n') ... ni ... ni: Vorkommen zu selten; nicht ausgewertet				
ne ... ni ... ni	1		ni ... ni	0
ni ... ni ... ne	1			
(ne/n') ... **aucun(e)** und aucun(e) ... (ne/n'): Vorkommen zu selten; nicht ausgewertet				
ne ... aucun	0		aucun(e)	6

Imperative insgesamt: 40					
davon mit ne/n'	17	42,5 % **(!)**	ohne ne/n'	23	57,5 %

ce/c' + Form von être, z.B. ce n'est pas ... vs. c'est pas ...: insgesamt: 62					
davon mit ne/n'	1	1,61 %	ce/c' + Form von être, ohne ne/n'	61	98,39 % **(!)**

Wendungen mit „n'importe ...", z.B. „n'importe quoi", kommen 6x vor. Sie wurden in der Vorkommenszählung nicht berücksichtigt, da „n' (elidiert)" in diesen Wendungen nicht entfallen kann.

2.2.7.3. Auffälligkeit bei „(ne/n') ... que":

Hier kommen die Wendungen mit „avoir" häufiger vor, insgesamt 4x („Vous n'avez qu'à ..."; „T'avais qu'à ..."; „T'as qu'à ..."; „On a qu'à ..."). Damit machen diese Wendungen 25 % des Vorkommens aus, wobei die Formen ohne „ne" dominieren.

2.2.7.4. Auffälligkeit beim Imperativ:

Bei den Imperativen kommen Wendungen mit „s'inquiéter" häufiger (11x) vor: 3x „T'inquiète pas.", 3x „Ne t'inquiète pas.", 1x „Bon, vous inquiétez pas." und 4x „Ne vous inquiétez pas.".

Damit machen die Aufforderungen mit „s'inquiéter" 27,5 % der Imperative aus, wobei die Formen mit „ne" in diesem Corpus dominieren (4x ohne „ne", 7x mit „ne").

2.2.7.5. Zu Kurzformen:

Die folgenden Kurzformen kommen mindestes jeweils 2x vor:

6x „Pas du tout."; 4x „non plus" („Non plus."; „Moi/Toi non plus."); dann jeweils 2x „Pourquoi pas?"; „Pas encore."; „Pas vraiment."; „Jamais."; „Aucun problème."; „Rien de grave."

2.2.7.6. Ergebnis:

In der normalen gesprochenen Umgangssprache ist die Verneinung ohne „ne" die Standardform. Das Verneinungspartikel „ne" fehlt im Durchschnitt bei ca. 84 % der Verneinungen. Die Werte schwanken in Abhängigkeit vom zweiten Verneinungspartikel, aber die empirische Basis ist zu schmal, um eine tatsächliche Reihenfolge aufstellen zu können. Bei Wendungen mit „ce + Form von être" (z.B. „ce n'est pas ..." vs. „c'est pas ...") erreichen die Formen ohne „ne" ca. 98 %. Hingegen behauptet sich im vorliegenden Corpus bei Imperativen die komplette Form der Verneinung mit „ne" mit immerhin ca. 42 %. Dabei sind Imperative mit „s'inquiéter" besonders häufig (z.B. „Ne vous inquiétez pas.").

2.2.8. Futur composé vs. Futur simple

2.2.8.1. Es gibt zahlreiche Untersuchungen, die sich mit dem semantisch-pragmatischen Unterschied zwischen Futur composé und Futur simple beschäftigen. Es sei stellvertretend auf Schrott 1997 verwiesen. Nach Schrott kann die Wahl über das Prinzip der „Konditionierung" erklärt werden: „Das Prinzip der Konditionierung differenziert also futurische Sachverhalte mit aktueller und virtueller conditio, und diese unterschiedliche Konditioniertheit ist distinktiv für die Konkurrenz von futur simple und futur périphrastique. So versprachlicht das futur périphrastique Sachverhalte, die im ego-hic-nunc bereits durch eine aktuelle conditio determiniert sind, partielle Aktualität besitzen und mit den im ego-hic-nunc gegebenen Größen verbunden sind. Ereignisse im futur simple dagegen sind durch eine virtuelle conditio markiert, weisen weder Konditioniertheit noch Teilaktualität in der Sprechsituation auf und sind daher auch nicht mit dem ego-hic-nunc verknüpft." (Schrott 1997, S. 31)

Die Beispiele, auf die sich Schrott stützt, entstammen ausschließlich der geschriebenen Sprache. Wir werden diese Hypothese nicht mit Blick auf ihre didaktische Anwendungsmöglichkeit im Rahmen der normalen gesprochenen Umgangssprache überprüfen. Aktuell wird in Grammatischen Beiheften für die Sekundarstufe I auf Regeln zur Unterscheidung von Futur composé und Futur simple verzichtet. So heißt es in GBH Déc Sj 4 2015, S. 26: „Wie unterscheiden sich die beiden Zeitformen? Menschen mit Französisch als Muttersprache folgen hier wieder ihrem Sprachgefühl ... Es gibt keine festen Regeln." So analysieren auch wir in einem „bescheidenen" Ansatz nur, ob die Verwendung von Futur simple und Futur composé innerhalb der normalen gesprochenen Umgangssprache so unterschiedlich frequent ist, dass sich hieraus Konsequenzen für das Einführen und Üben dieser Formen ergeben könnten.

Vorkommen, bei denen „aller" seine konkrete Bedeutung („gehen") behält, z.B. „Je vais chercher les verres." werden dabei ebensowenig gezählt wie Fälle des „Futur antérieur".

Wiederum zeigt eine Tabelle die Zahlenverhältnisse am besten.

2.2.8.2. Futur composé und Futur simple insgesamt: 257					
Futur com-posé	147	57,2 %	Futur simple	110	42,8 %
1. Ps. Sg. insgesamt: 76					
Futur com-posé	46	60,53 %	Futur simple	30	39,47 %
2. Ps. Sg. insgesamt: 63					
Futur com-posé	40	63,49 %	Futur simple	23	36,51 %
3. Ps. Sg. insgesamt: 95					
Futur com-posé	51	53,68 %	Futur simple	44	46,32 %
1. Ps. Pl. insgesamt: 2					
Futur com-posé	2	100 %	Futur simple	0	0 %
2. Ps. Pl. insgesamt: 11					
Futur com-posé	4	36,36 %	Futur simple	7	63,64 %
3. Ps. Pl. insgesamt: 10					
Futur com-posé	4	40 %	Futur simple	6	60 %

2.2.8.3. Auffälligkeiten beim Modalverb mit folgendem Infinitiv:

Es kommen die folgenden Modalverben mit folgendem Infinitiv vor:

„pouvoir" im Futur composé: 5x; im Futur simple: 8x

„savoir" im Futur composé: 0x; im Futur simple: 1x mit Infinitiv („Et je saurai recalculer mon droit au logement.") und 1x ohne Infinitiv („Comment je le saurai?").

„vouloir" kommt im Futur composé gar nicht vor, im Futur simple 3x, aber ohne Infinitiv („Tu peux rester aussi longtemps que tu voudras." / „Tu peux dire ce que tu voudras." / „Comme tu voudras.").

2.2.8.4. Ergebnis:

In diesem Corpus überwiegen die Formen des Futur composé (57,2 %). Das Futur simple ist jedoch mit 42,8 % so häufig vertreten, dass in der normalen gesprochenen Umgangssprache sowohl das Futur composé als auch das Futur simple als Standardformen zu bezeichnen sind. Die Wahl der einen oder anderen Form hängt wohl auch nicht entscheidend von der gewählten Person ab: die Schwankungsbreite liegt im Singular, also bei den Personen mit einer relevanten Frequenz, beim Futur composé zwischen ca. 54 % und ca. 63 %, beim Futur simple zwischen ca. 37 % und ca. 46 %. Dass sich im vorliegenden Corpus die Relation in der 2. und 3. Person Plural zugunsten des Futur simple verschiebt, sollte wegen der geringen Frequenz nicht überbewertet werden.

Eine wegen des geringen Vorkommens schwache Hypothese könnte immerhin nahelegen, dass bei den Modalverben mit folgendem Infinitiv, hier vor allem „pouvoir faire qc", das Futur simple die dominante Form ist. Die Hypothese ist auf Grund der Sprachökonomie plausibel, da die Konstruktion mit Futur simple ein Glied weniger aufweist: „Tu **pourras** me **garder** l'hôtel pendant ce temps-là?" vs. „Rudy, tu **vas pouvoir** me **montrer** que t'as pas perdu la main." In absoluten Konstruktionen haben einige Modalverben mit Futur simple idiomatischen Charakter. Hier wäre das Futur composé kaum möglich: „Comment je le saurai?" / „Tu peux dire ce que tu voudras." / „Tu peux rester aussi longtemps que tu voudras." / „Comme tu voudras."

Schrott 1997 widmet der möglichen Affinität der Futurformen zu den grammatischen Personen ein eigenes Kapitel. Sie vermutet mit Hinweis auf einschlägige Forschungsergebnisse eine besondere Affinität des Futur composé (bei Schrott „futur périphrastique") zur 1. Person und des Futur simple zur 3. Person (Schrott 1997, S. 89ff). Diese Einschätzung wird durch unser Corpus nicht wirklich bestätigt. Zwar ist die Dominanz des Futur composé in der 1.und 2. Person Singular deutlich, an der Spitze liegt aber die 2. Person Singular und auch in der 3. Person ist das Futur simple noch in der Minderheit. Im Übrigen sind die Abstände insgesamt zu gering, als dass man hieraus didaktische Konsequenzen für Übungsschwerpunkte ziehen könnte.

Die Zahlen führen noch einmal deutlich vor Augen, dass die 1. Person Plural sehr selten ist. Das Ergebnis korreliert mit dem Verhältnis zwischen „nous" und „on", das in 2.2.2 dargestellt wurde. Das hängt nicht mit dem Futur zusammen, sondern zeigt generell, dass die 1. Person Plural in der normalen gesprochenen Umgangssprache weitgehend inexistent ist. Entsprechend weisen die Futurformen in der 3. Person Singular die höchsten Werte auf. Von den 95 Futurformen entfallen auf „on" statt „nous" 28 Belege. Es verbleiben 65 Belege für die „echte" 3. Person Singular. In Schrott 1997 findet sich in diesem Zusammenhang die interessante These, die sie wiederum mit Hinweis auf entsprechende Forschungsergebnisse äußert, dass nämlich Futur composé und Futur simple häufig in der 3. Person zur Desambiguierung von „on" = „nous" und „on" = „man" beitragen. „Während das ‚futur périphrastique' als Form des ‚ego-hic-nunc' auch die 1. Person aktiviert, löst das ‚futur simple' eher die 3. Person ‚man' aus." (S. 91). Die Zahlen aus dem Cor-

pus von *PBLV* stützen diese These nicht, da „on" = „man" sowohl beim Futur compose als auch beim Futur simple nur jeweils 1x vertreten sind, alle anderen Vorkommen von „on" in Verbindung mit Futurformen ersetzen die 1. Person Plural.

3.   Ergebnisse Teil 2

3.1.   Die „mise en relief"

3.1.1.   Das didaktische Fazit

3.1.1.1. Im gesamten Corpus kommt die „mise en relief" mit „c'est ... qui / que" nur 45x vor. Bezogen auf die Gesamtwortzahl machen die Wörter, die in „Hervorhebungssätzen" stehen, nur etwas mehr als 2 % aus. Die „mise en relief" ist also in der normalen gesprochenen Umgangssprache überraschend selten. Didaktisch sollte sie deshalb nicht überbewertet werden. Eine systematische Behandlung vor dem 4. Lernjahr ist nicht zu empfehlen.

3.1.1.2. Mit 23 bzw. 22 Belegen halten sich „c'est ... qui" und „c'est ... que" annähernd die Waage. Sie können gleichgewichtig geübt werden.

3.1.1.3. Bei „c'est ... qui" sind die eingebetteten Elemente eher nominal. Die wegen der eventuell notwendigen Verb-Anpassung für Deutsche nicht unkomplizierten Formen mit Personalpronomen (z.B. „C'est moi qui suis ..." / „C'est toi qui vas...") kommen im gesamten Corpus nur 6x vor. Die Anpassung sollte erklärt werden. Auf ein vertiefendes Üben kann jedoch verzichtet werden.

3.1.1.4. Nur in 3 Fällen sind Pluralelemente eingebettet, und zwar ausschließlich bei „c'est ... qui". Sie werden trotz Plural immer mit „c'est ...", nie mit „ce sont..." eingeleitet. Auf das Üben von „ce sont ...qui / que" mit Nomen im Plural und mit „eux / elles" kann vollständig verzichtet werden.

3.1.1.5. Bei „c'est ... que" handelt es sich bei den eingebetteten Elementen in immerhin 68,18 % der Fälle um adverbiale Bestimmungen (15 von 22), 22,73 % sind direkte Objekte (5 von 22) und nur 9,09 % indirekte Objekte (2 von 22). Und immerhin bestehen 53,33 % der adverbialen Bestimmungen aus Präpositionalphrasen (8 von 15), die am häufigsten mit „pour" eingeleitet werden. Die größte kommunikative Rentabilität entsteht also bei „c'est ... que", wenn vor allem die Einbettung adverbialer Bestimmungen in der Form von Präpositionalphrasen geübt wird.

3.1.1.6. Gleichfalls lohnenswert ist die Vermittlung der Wendungen „c'est comme ça que ..." / „ce n'est pas comme ça que ..." als feste lexikalische Einheiten.

3.1.2.   Die Ergebnisse im Detail

3.1.2.1. Bei der empirischen Untersuchung der sogenannten „mise en relief" beschränken wir uns auf die Struktur, in der die hervorgehobenen Elemente durch voranstehend „ce/c'" + Form von „être" und nachstehend durch „qui" oder „que/qu'" eingebettet werden, also z.b. durch „c'est ... qui" oder „c'est ... que".

Hat die Struktur „c'est ... qui / que" keine hervorhebende, sondern eine rein hinweisende bzw. erklärende Funktion, wird sie bei der Zählung nicht berücksichtigt. Diese Funktion ist allerdings sehr selten. Beispiele aus dem Corpus: „Ah, lui, c'est Roland, c'est le patron du bar qui est là." / „Hey, stresse pas! C'est un musicos que j'ai rencontré dans le train!" Auch die Intonationsfrage „C'est qui qui a appelé?" hat keine hervorhebende Funktion und bleibt deshalb unberücksichtigt.

Traditionell lautet die Grammatikregel, dass mit „c'est ... qui" das Subjekt eines Satzes hervorgehoben wird. Beispiel: „C'est moi qui vais parler." Mit „c'est ... que" können unterschiedliche Satzglieder hervorgehoben werden, und zwar direkte Objekte, z.B. „C'est un service que je te demande.", indirekte Objekte, z.B. „C'est à Mme Frémont que vous devez cette chance." sowie adverbiale Bestimmungen, z.B. „C'est pas pour moi que j'ai peur.". Der Begriff der „mise en relief" oder deutsch der „Hervorhebung" eignet sich gut als allgemeine Bezeichnung, da sich hierunter unterschiedliche Arten der besonderen Markierung subsumieren lassen. Allen gemeinsam ist das Durchbrechen der einfachen Satzstruktur:

„Je vais parler." wird zu „C'est moi qui vais parler.".

„Je te demande un service." wird zu „C'est un service que je te demande.".

„Vous devez cette chance à Mme Frémont." wird zu „C'est à Mme Frémont que vous devez cette chance.".

„Je n'ai pas peur pour moi." wird zu „C'est pas pour moi que j'ai peur.".

Der Begriff der „Betonung", der bei der Übersetzung von „mise en relief" mitunter zu finden ist, wird im Folgenden nicht verwendet, da es in der Untersuchung ausschließlich um syntaktische, nicht um prosodische Verfahren gehen wird.

3.1.2.2. Wie häufig kommt die „mise en relief" in den beschriebenen Aus-prägungen im Corpus vor?

Zählt man die Sätze mit „mise en relief", so erhält man 45 Sätze. Im Verhältnis zu den 2912 Sätzen, die das Corpus insgesamt umfasst, ergibt dies nur 1,55 %. (Zum Vergleich: Zählt man die Wörter der Sätze, in denen die Struktur verwendet wird, so kommt man auf 453 Wörter. Im Verhältnis zu den 20839 Wörtern, die das Corpus insgesamt umfasst, sind dies 2,17 %. Der Anteil ist höher als bei den Sätzen, da die Anzahl elliptischer kurzer Sätze eine Rolle spielt. Selbst wenn die 2,17 % zu Grunde gelegt werden, zeigt sich, dass die „mise en relief" in der normalen gesprochenen Umgangssprache recht selten ist.

Entsprechend überschaubar ist die Anzahl der Einzelbelege, wobei sich das Auftreten von „c'est ... qui" und „c'est ... que" in etwa die Waage hält: Es gibt 23 Belege für „c'est ... qui" und 22 Belege für „c'est ... que".

3.1.2.3. Zu „c'est ... qui":

Bei „qui" sind von den 23 hervorgehobenen Elementen 7 Pronomen: 4x „c'est toi qui ..." , 2x „c'est moi qui ...", und 1x „c'est elle qui ...".
Es kommen bei den Pronomen keine Pluralformen vor.

Bei „qui" sind 16 hervorgehobene Elemente Namen, Nomen oder Nominalgruppen, davon 13 im Singular (Beispiele: „Et c'est Mélanie qui s'en occupe de tes clients pendant que tu fais le joli cœur?" / „C'est Maman qui a raison!" / „C'est la rentrée des classes qui vous met dans cet état-là?") und 3 im Plural. (Alle Vorkommen: „Depuis quand c'est les enfants qui fliquent les parents, dis!" / „C'est pas les locataires qui sont recalculés, c'est les chômeurs, hein." / „Dans le privé, c'est pas les beaux chantiers qui manquent en ce moment à Marseille.") Der Präsentativ steht dabei immer im Singular: „c'est ...".

3.1.2.4. Zu „c'est ... que":

Bei „que" sind von den 22 hervorgehobene Elementen:

- 15 adverbiale Bestimmungen: davon 5x „C'est comme ça que ..." (Beispiel: „C'est comme ça que vous arrêtez de fumer?"), 8x Präpositionalphrasen (2x mit folgender Nominalgruppe: „C'est à cause d'une femme que je veux m'installer à Marseille." / „C'est pour votre fille que vous allez le faire ..."; 6x mit folgendem Pronomen: „C'est pour ça que je fais un effort pour être gentille." / „C'est pour ça qu'on a ses clés." / „C'est uniquement à cause de moi que tu rentres?" / „C'est pour toi que j'ai voulu qu'on s'installe ici." / „C'est pas pour moi que j'ai peur." / „C'est pour nous que je fais tout ça."). Die häufigste Präposition ist „pour" (6x). 2x kommt die Verbindung mit „fois" vor: („C'est la première fois que j'aime quelqu'un comme ça!" / „C'est la deuxième fois que tu me sauves la vie.").

* 5 direkte Objekte: 3x Nomen oder Nominalgruppen (Beispiel: „C'est mon expulsion que vous voulez fêter?"), ausschließlich im Singular. 2x Pronomen, und zwar die identische Wendung mit „ça": „C'est ça que tu veux?"

* 2 indirekte Objekte: („C'est à moi que Grand-Père a légué le Mistral." / „C'est à elle que vous devez cette deuxième et dernière chance.") Beide Pronomen stehen im Singular.

3.2.   Die unverbundenen Personalpronomen

3.2.1.   Das didaktische Fazit

3.2.1.1. Unter didaktischen Gesichtspunkten lohnt sich eigentlich nur bei „moi" und „toi" ein gründliches Üben. Beide zusammen machen bereits 78,73 % der gesamten Frequenz der unverbundenen Personalpronomen aus. „Lui" / „elle" / „nous" / „vous" liegen alle nur um die 5 % des Vorkommens, die Formen der 3. Person Plural „eux" / „elles" sind hinsichtlich der Frequenz bedeutungslos.

3.2.1.2. Die Zuspitzung der Gewichtung zeigt, dass durch die Behandlung von „moi" und „toi" nach den Präpositionen „pour" / „avec" / „chez" / „de" bereits fast 18 % des gesamten Vorkommens der unverbundenen Personalpronomen abgedeckt sind.

3.2.1.3. Zusammenfassend kann die folgende didaktische Empfehlung gegeben werden: Um in mehr als 80 % der Fälle den richtigen Ausdruck zu finden, reicht es syntaktisch gesehen aus, bei den unverbundenen Personalpronomen die folgenden Verbindungen zu üben:

– die unverbundenen Personalpronomen nach Präpositionen. Schwerpunkt sind die Präpositionen „pour" / „avec" / „chez" / „de" und die Pronomen „moi" und „toi". Nach Präpositionen spielen aber auch andere unverbundene Personalpronomen eine (wenn auch wesentlich weniger frequente) Rolle. Deshalb kann diese Konstellation genutzt werden, um in beschränktem Umfang „lui", „elle", „nous", „vous" und in noch beschränkterem Umfang „eux", „elles" zu üben.

In allen anderen Fällen reicht die Behandlung von „moi" und „toi" aus. Es handelt sich um:

– die Verwendung von „moi" und „toi" in der „phrase segmentée". Bei den korrespondierenden verbundenen Personalpronomen kann man sich auf „je" und „tu" beschränken. Die Schüler sollten in der Lage sein, „moi" bzw. „toi" präponierend vor den Satzrahmen („Moi, j'ai faim.") und postponierend nach den Satzrahmen („T'as faim, toi?") zu stellen. Alle anderen Verbindungen, z.B. die schwierigen Korrespondenzen „lui ... il" / „il ... lui" oder „eux ... ils" / „ils ... eux", brauchen nicht geübt zu werden.

– die Verwendung von „moi" und bei reflexiven Verben die Verwendung von „toi" bei bejahten Imperativen.

– die Verwendung von „moi" und „toi" in Verbindung mit dem Präsentativ „c'est" (bzw. seine Varianten).

3.2.2. Die Ergebnisse im Detail

3.2.2.1. Zur Abgrenzung der unverbundenen Personalpronomen:

Bei der empirischen Untersuchung der unverbundenen Personalpronomen ist zu berücksichtigen, dass es unter ihnen Formen mit einer Monofunktion und andere mit einer Multifunktion gibt. Zu den monofunktionalen gehören „moi", „toi" und „eux". Sie sind immer nur unverbundenes Personalpronomen. Bifunktional sind „lui" (unverbundenes Pronomen sowie verbundenes indirektes Objektpronomen), „elle" und „elles" (unverbundenes Pronomen sowie verbundenes Subjektpronomen). Drei Funktionen weisen „nous" und „vous" auf (unverbundenes Pronomen, verbundenes Subjektpronomen sowie verbundenes Objektpronomen).

– Wenn man zunächst die Vorkommenshäufigkeit der monofunktionalen Pronomen „moi" / „toi" / „eux" ermittelt, kommt man zu den folgenden Ergebnissen: „moi": 184; „toi": 90; „eux": 3.

– Bei den bifunktionalen „lui" / „elle" / „elles" werden die Funktionen getrennt ermittelt. Ergebnis:

- „lui" = unverb. Personalpronomen: 18 (37,5 %); indirektes Objektpronomen: 30 (62,5 %).
- „elle" = unverb. Personalpronomen: 16 (10,19 %); verbundenes Subjektpronomen: 141 (89,81 %).
- „elles" = unverb. Personalpronomen: 1 (10 %); verbundenes Subjektpronomen: 9 (90 %).

– Es verbleiben „nous" / „vous" mit drei Funktionen:

- „nous" = unverb. Personalpronomen: 17 (34 %); verbundenes Subjektpronomen: 4; verbundenes Objektpronomen: 29 (verbundene Pronomen zusammen 66 %).
- „vous" = unverb. Personalpronomen: 19 (8,84 %); verbundenes Subjektpronomen: 126; verbundenes Objektpronomen: 70 (verbundene Pronomen zusammen 91,16 %).

Bei den multifunktionalen Pronomen sind also die unverbundenen Formen immer in der Minderheit. Die Prozentwerte liegen zwischen 37,5 % für „lui" und 8,84 % für „vous".

Das unverbundene Personalpronomen „soi" kommt im Corpus gar nicht vor.

Exkurs zu „moi" / „toi" nach Imperativen: In der Frage, ob es sich bei der Verwendung von „moi" und „toi" nach bejahten Imperativen um verbundene oder unverbundene Personalpronomen handelt, kann man verschiedener Meinung sein. (Wir bedanken uns bei Klaus Hunnius für den Hinweis.) In der Tat könnte man argumentieren, dass „moi" und „toi" beim bejahten Imperativ den Platz verbundener Pronomen einnehmen. „Mets-toi là." entpricht ja syntaktisch „Mets-le là." und „Dismoi tout." entspricht „Dis-leur tout.". So führt z.B. Chevalier 1964 die Pronomen „moi" und „toi" in der Übersichtstabelle (S. 228) doppelt auf. Bei den „emplois conjoints" gibt es eine Spalte „avant le verbe" mit den Einträgen „me" und „te" und eine Spalte „après le verbe" mit den Einträgen „moi" und „toi". Hiervon getrennt steht die Spalte „emplois disjoints" mit den Einträgen „moi" und „toi". Eine ähnliche Lösung findet sich in Arrivé 1986, S. 499. Diese Homonymie der Formen spielt hingegen z.B. in der aktuellen Oberstufengrammatik Französisch 2009 (OG Fr 2009) keine Rolle. Die syntaktisch interessante Frage wird wohl als didaktisch nicht relevant eingeschätzt. Die terminologische Differenzierung wird umgangen, indem mit Blick auf den bejahten Imperativ schlicht formuliert wird: „... statt ‚me' und ‚te' stehen hier ‚moi' und ‚toi'." (S. 133). Würden „moi" und „toi" nach bejahten Imperativen nicht zu den unverbundenen Personalpronomen zählen, hätte dies natürlich Auswirkungen auf die unten aufgeführten Ergebnisse. Da die didaktische Relevanz der Frage auch unserer Meinung nach nicht gegeben ist, bleiben wir bei der rein formalen Zuordnung und zählen alle Vorkommen von „moi" und „toi" zu den unverbundenen Personalpronomen. Wir verzichten ebenso auf die Differenzierung von „unverbunden" vs. „betont" und „verbunden" vs. „unbetont", da es in der Untersuchung ausschließlich um syntaktische, nicht um prosodische Merkmale geht.

3.2.2.2. Zur unterschiedlichen Frequenz der unverbundenen Personalpronomen:

Noch deutlicher wird die geringe Frequenz der meisten unverbundenen Personalpronomen, wenn man die absoluten Vorkommenszahlen mit ihren Prozentwerten nebeneinanderstellt.

Insgesamt kommen die unverbundenen Personalpronomen im Corpus 348x vor.

moi	%	toi	%	lui	%	elle	%
184	52,87	90	25,86	18	5,17	16	4,6

nous	%	vous	%	eux	%	elles	%
17	4,89	19	5,46	3	0,86	1	0,29

Zusammen repräsentieren „moi" und „toi" bereits 78,73 des gesamten Vorkommens.

3.2.2.3. „Servitude grammaticale" und „phrase segmentée":

Das Vorkommen der unverbundenen Personalpronomen kann danach unterschieden werden, ob es sich um eine „servitude grammaticale", also um ein notwendiges, von anderen Faktoren abhängiges Vorkommen oder um ein Vorkommen mit einer eigenen Bedeutung handelt.

Zur „servitude grammaticale" gehören die folgenden Vorkommen:

a) nach Präpositionen: „De toute façon, t'as toujours eu un petit béguin **pour lui**."

b) „moi" und „toi" nach bejahtem Imperativ: „**Dis-moi** où elle est." / „**Mets-toi** un peu à ma place."

c) nach „c'est" (oder einer Variante): „**C'est elle** qui m'a élevé toute seule."

d) ohne Verbindung mit einem Verb: „Et **nous** alors?"

e) in einer Gruppe: „**Ton père et moi** en ce moment, on a des petits problèmes d'argent."

f) im Vergleichssatz: „Tu le sais **aussi bien que moi**."

Zum Vorkommen mit einer eigenen Bedeutung zählen wir die Verwendung der unverbundenen Personalpronomen innerhalb der „phrase segmentée". Hierdurch wird als eigene Bedeutung eine Hervorhebung der jeweiligen unverbundenen Personalpronomen erreicht.

Diese Funktion wird weiter unten genauer erläutert.

3.2.2.4. Servitude grammaticale:

Die Auswertung des Vorkommens zeigt, dass die „servitude grammaticale" bei weitem überwiegt. Auf alle unverbundenen Personalpronomen bezogen (348, s.o.) liegt sie bei 229 (65,80 %) zu 119 (34,20 %) für die „phrase segmentée".

Auch innerhalb der „servitude grammaticale" sind die Frequenzverhältnisse sehr klar.

3.2.2.4.1. Punkt a aus der obigen Aufstellung kommt am häufigsten vor. In 124 Fällen sind die unverbundenen Personalpronomen durch Präpositionen bedingt (54,15 % innerhalb der „servitude grammaticale"). Dabei treten die folgenden Präpositionen auf (gelistet nach ihrer Häufigkeit):

„pour" (35), „avec" (25), „chez" (25), „de" (14), „à" (8), „sur" (4), „à cause de" (4), „entre" (3), „devant" (2), „comme" (1), „auprès de" (1), „en" (1), „d'après" (1). Das heißt, dass allein die vier Präpositionen „pour" / „avec" / „chez" / „de" 79,84 % repräsentieren. Insgesamt verbinden sich die 124 Vorkommen der Präpositionen mit den unverbundenen Personalpronomen in der folgenden Reihenfolge: „moi" (48), „toi" (31), „vous" (13); „elle" (12); „nous" (9), „lui" (7), „eux" (3), „elles" (1).

Beschränkt man die Kombination der vier häufigsten Präpositionen „pour" / „avec" / „chez" / „de" auf die Kombination mit den häufigsten unverbundenen Personalpronomen, so zeigt sich die folgende Reihenfolge: „pour moi" (14), „pour toi" (9), „avec moi" (9), „avec toi" (7), „chez moi" (8), „chez toi" (5), „de moi" (5), „de toi" (4). Diese Fälle summieren sich auf 61. Die Verwendung von „moi" und „toi" nach den Präpositionen „pour" / „avec" / „chez" / „de" deckt also bereits 49,19 % (61 von 124) aller Verbindungen von Präpositionen mit unverbundenen Personalpronomen ab. Bezogen auf die gesamte „servitude grammaticale" sind es 26,63 % (61 von 229) und bezogen auf alle unverbundenen Personalpronomen immerhin 17,53 % (61 von 348).

3.2.2.4.2. Am zweithäufigsten kommen innerhalb der „servitude grammaticale" „moi" und „toi" nach bejahten Imperativen vor, und zwar „moi" 31x und „toi" 9x, zusammen 40x, das sind 17,47 %. Die häufigsten Formen sind bei „moi": „Dis-moi." und „Excusez-moi.", bei „toi": „Figure-toi." Bei „toi" handelt es sich natürlich immer um den bejahten Imperativ reflexiver Verben.

3.2.2.4.3. Danach folgt die Verbindung der unverbundenen Personalpronomen mit dem Präsentativ „c'est" (oder einer Variante des Ausdrucks). Die Kombination „c'est + Personalpronomen" kommt 35x vor, das sind innerhalb der „servitude grammaticale" 15,28 %. Wir zählen hier die „normalen" Vorkommen wie z.B. „Le propriétaire, c'est moi." / „C'était pas moi." / „C'est vous, ... pour le bar?" oder die komplette „mise en relief", z.B. „Alors c'est moi qui vais parler." / „C'est elle qui m'a élevé toute seule.", aber auch Varianten wie z.B. die Ellipse „Hé hé ha, moi qui t'ai chanté des berceuses yiddishs ..." / „Toi qu'es, qu'es toujours en train de courir partout là, qui malgré ton grand âge ..." oder Wendungen wie „Ça peut pas être lui.".

Gleichfalls mit inbegriffen ist die Kombination „unverbundenes Personalpronomen + c'est + nom", die aber nur 5x auftritt. Die Voranstellung des unverbundenen Personalpronomens ist also wesentlich seltener als die Nachstellung, die Wendungen sind aber idiomatisch und sicher lernenswert. Ein typisches Beispiel ist „Moi, c'est Anthony, et toi?". (Die Wendung könnte auch als „phrase segmentée" interpretiert werden, in der das außerhalb des Satzrahmens stehende „moi" innerhalb des Satzrahmens durch „ce" aufgegriffen wird.)

Auch bei den Verbindungen mit „c'est" treten, wie nicht anders zu erwarten (s.o.), vor allem die unverbundenen Personalpronomen „moi" und „toi" auf.

3.2.2.4.4. Es folgt die noch einmal wesentlich seltenere Verwendung ohne Verbindung zu einem Verb. Wir zählen diese Verwendung 20x = 8,73 % innerhalb der „servitude grammaticale".

3.2.2.4.5. Die Verwendung innerhalb einer Gruppe kommt 8x vor = 3,49 %. Das oben unter 3.2.2.3.e aufgeführte Beispiel „**Ton père et moi** en ce moment, on a des petits problèmes d'argent." zeigt, dass es auch als „phrase segmentée" interpretiert werden könnte. Da aber das „moi" innerhalb der Gruppe obligatorisch ist, zählen wir es als „servitude grammaticale".

3.2.2.4.6. Am Schluss der Frequenzliste steht der Vergleich, der sich nur 2x im Corpus findet. Das sind verschwindende 0,87 %.

3.2.2.4.7. Hier zusammenfassend noch einmal die Reihenfolge innerhalb der 229 Fälle einer „servitude grammaticale" im Überblick:

Präposition	%	Imperativ	%	c'est	%
124	54,15	40	17,47	35	15,28

ohne Verb	%	Gruppe	%	Vergleich	%
20	8,73	8	3,49	2	0,87

Eine noch detailliertere Auswertung erhält man, wenn die einzelnen Pronomen in ihrer Kombination mit den oben beschriebenen Fällen gelistet werden. Hier das Detailergebnis:

Präpos. + moi	48	Präpos. + lui	7	moi im Vergleich	2
Präpos. + toi	31	moi ohne Verb	7	c'est + elle	2
Imperativ + moi	31	moi in Gruppe	7	toi in Gruppe	1
c'est + toi	14	toi ohne Verb	6	c'est + nous	1
(moi,) c'est + moi	13	vous ohne Verb	4	c'est + vous	1
Präpos. + vous	13	(lui,) c'est + lui	4	Präpos. + elles	1
Präpos. + elle	12	Präpos. + eux	3		
Präpos. + nous	9	nous ohne Verb	3		
Imperativ + toi	9				

Wenn man beim Vorkommen von 9 eine zugegeben willkürliche Relevanzgrenze zieht, zeigt sich deutlich, dass innerhalb der „servitude grammaticale" vor allem die Verwendung der unverbundenen Personalpronomen nach Präpositionen, die Verwendung von „moi" und „toi" nach bejahten Imperativen sowie die Verwendung von „moi" / „toi" in Verbindung mit „c'est" didaktisch zu beachten sind.

3.2.2.5. Phrase segmentée:

Sowohl Söll / Hausmann 1974 / 1980, S. 148ff., als auch Krassin 1994, S. 31ff., widmen dem komplexen Thema des segmentierten Satzes eigene Kapitel.

Segmentierung bedeutet, dass ein Element, welches innerhalb des Satzrahmens steht, mit einem zweiten Element außerhalb des Satzrahmens referenziell verbunden ist. Ebenso wie bei der oben beschriebenen „mise en relief" wird also die einfache Satzstruktur verändert: Aus „Quand je fais un travail, j'aime que ce soit bien fait." wird „**Moi** quand **je** fais un travail, j'aime que ce soit bien fait.". In grammatischen Erläuterungen wird dabei häufig dieselbe Funktionsbestimmung wie bei der „mise en relief" vorgenommen: Der segmentierte Satz diene ebenso wie die „mise en relief" der „Hervorhebung".

Siehe GBH Déc Sj 4 2015, S. 7; OG Fr 2009, S. 134. Ob diese gemeinsame Funktionsbestimmung berechtigt ist, wäre gesondert zu untersuchen.

Wie Söll / Hausmann 1974 / 1980, S. 149, schreibt, kann die Referenz zwischen den Elementen, die innerhalb und außerhalb des Satzrahmens stehen, „präponierend oder postponierend erfolgen".

1. „**Moi, j'**ai faim.": Die Projektion ist hier präponierend.

2. „**T'**as faim, **toi?**": Hier ist die Projektion postponierend.

Viele Pronomen können für die „phrase segmentée" relevant werden. Im Rahmen der vorliegenden Untersuchung beschränken wir uns auf die Referenz zwischen unverbundenen und den entsprechenden verbundenen Personalpronomen, also „moi – je", „toi – tu", „lui – il", „elle – elle", „nous – nous", „vous – vous", „eux – ils", „elles – elles". Hinsichtlich der allgemeinen Frequenz der „phrase segmentée" sei noch einmal auf das weiter oben beschriebene Ergebnis verwiesen. Die Auswertung des Vorkommens zeigt, dass die „phrase segmentée" deutlich weniger häufig als die „servitude grammaticale" auftritt.

Auf alle unverbundenen Personalpronomen bezogen (348x, s. o.) liegt die „phrase segmentée" bei einem Vorkommen von 119 (34,20 %) zu 229 (65,80 %) für die „servitude grammaticale". Dies ist bereits eine generelle Leitlinie, wie die Schwerpunkte beim Üben der unverbundenen Personalpronomen zu setzen wären.

Der Vergleich der einzelnen unverbundenen Personalpronomen zeigt deutlich, dass die „phrase segmentée", außer wiederum bei „moi" und „toi", nur selten vorkommt. Hier die absoluten Zahlen:

moi		toi		lui		elle		nous		vous		eux		elles
76		29		7		2		4		1		0		0

Selbst bei „moi" und „toi" ist die Verwendung in der „phrase segmentée" absolut gesehen eher selten. Wenn das Vorkommen „moi" und „toi" zusammen mit „je" und „tu" in einer „phrase segmentée" verglichen wird mit dem Vorkommen von „je" und „tu" in der „phrase non segmentée" ergibt sich folgendes Ergebnis:

- „je" in der „phrase non segmentée" = 782 (91,68 %),
- „moi" / „je" in der „phrase segmentée" = 71 (8,32%),
- „tu" in der „phrase non segmentée" = 519 (95,58 %) ,
- „toi" / „tu" in der „phrase segmentée" = 24 (4,42 %).

*Wie schon weiter oben erläutert, werden in der „phrase segmentée" hier nur die Referenz zwischen „moi" und „je" sowie zwischen „toi" und „tu" berücksichtigt, nicht jedoch die Koppelung mit anderen verbundenen Personalpronomen, wie z.B. „**Moi** tu **me** donnes la mer, le soleil et ce loft de folie ...Tu peux m'envoyer le GIGN que je bougerais pas d'ici, tiens!" oder „Franchement, il aurait fait ça, **ton** père, **toi**?". Dies erklärt den Unterschied bei den Zahlen. In 5 Fällen verbindet sich*

„moi" mit einem andere Personalpronomen als „je" und in 5 Fällen „toi" mit einem anderen Personalpronomen als „tu".

Wie weiter oben ausgeführt, kann die Referenz zwischen dem unverbundenen Personalpronomen außerhalb des Satzrahmens und dem verbundenen Personalpronomen innerhalb des Satzrahmens „präponierend" oder „postponierend" sein. Sind in dieser Beziehung auffallende Unterschiede festzustellen? Wir beschränken die Untersuchung wiederum auf „moi" und „toi" und kommen zu den folgenden Ergebnissen:

- präponierend „moi ... je" = 48 (Beispiel: „**Moi, je** dis: il faut aller de l'avant!")
- postponierend „je ... moi" = 23 (Beispiel: „**J'ai** rien à faire, **moi**, de cette fille.")
- präponierend „toi ... tu" = 15 (Beispiel: „Ah oui, parce que **toi**, **t'es** pas du genre à craquer, quoi.")
- postponierend „tu ... toi" = 9 (Beispiel: „Eh dis donc, **t'es** de plus en plus canon, **toi**!")

3.2.2.6. Zusammenfassung: „servitude grammaticale" und „phrase segmentée":

Man kann das Vorkommen der unverbundenen Personalpronomen innerhalb der „phrase segmentée" in die weiter oben vorgestellte Tabelle zur „servitude grammaticale" integrieren.

Präpos. + moi	48	Präpos. + lui	7	moi im Vergleich	2
moi ... je	48	moi ohne Verb	7	c'est + elle	2
Präpos. + toi	31	moi in Gruppe	7	toi in Gruppe	1
Imperativ + moi	31	lui ... il	6	c'est + nous	1
je ... moi	23	toi ohne Verb	6	c'est + vous	1
toi ... tu	15	vous ohne Verb	4	Präpos. + elles	1
c'est + toi	14	(lui,) c'est + lui	4	il ... lui	1
(moi,) c'est + moi	13	on ... nous[1]	4	elle ... elle (prä[2])	1
Präpos. + vous	13	Präpos. + eux	3	elle ... elle (post[3])	1
Präpos. + elle	12	nous ohne Verb	3	vous ... vous (post)	1
Präpos. + nous	9	**Summe absolut**			**63[4]**
Imperativ + toi	9	**Summe in Prozent**			**18,64 %**
tu ... toi	9				
Summe absolut	**275**				
Summe in Prozent	**81,36 %**				

[1] *Wenn das unverbundene „nous" in der „phrase segmentée" auftritt, ist das korrespondierende verbundene Personalpronomen immer „on". Beispiel: „Qu'est-ce qu'on serait devenues, nous, si tu nous avais rejetées?"*

[2] *prä = präponierend. Beispiel: „Elle, au moins, elle est humaine, tandis que son patron, hein, ..."*

[3] *post = postponierend. Beispiel: „Et pourtant, elle est jeune, elle."*

[4] *Die Gesamtsumme des Vorkommens beträgt hier 338. Der Unterschied zum weiter oben genannten Vorkommen von 348 erklärt sich dadurch, dass in 10 Fällen der „phrase segmentée" das unverbundene Personalpronomen mit einem anderen als dem entsprechenden verbundenen Personalpronomen korrespondiert, also z.B.*

„moi" nicht mit „je", sondern mit „me". Diese Fälle werden in dieser Untersuchung ausgespart. Siehe die Bemerkung bei 3.2.2.5.

Um in mehr als 80 % der Fälle den richtigen Ausdruck zu finden, reicht es syntaktisch gesehen aus, die Kombinationen der linken Spalte zu üben.

3.3. Die Relativpronomen

3.3.1. Das didaktische Fazit

3.3.1.1. Es ist verblüffend, dass das Relativpronomen „dont" im gesamten Corpus, also in fast zwei Stunden Dialog, kein einziges Mal vorkommt. Dieses Ergebnis ist so deutlich, dass es kaum Zufall sein kann. Es ist zu vermuten, dass „dont" in der normalen gesprochenen Umgangssprache sehr selten ist. Die dem Substandard zuzurechnende Ersatzform mit „que" („le livre que tu m'as parlé") ist aber gleichfalls nicht belegt.

3.3.1.2. Dass die Frequenz von „lequel" gering ist, überrascht weniger, aber es kommt immerhin als Relativpronomen 1x vor. Die Ergebnisse stützen die Entscheidung, sowohl „dont" als auch „lequel" systematisch erst gegen Ende der Sekundarstufe I zu behandeln. Ein Üben dieser Formen ist im Rahmen der normalen gesprochenen Umgangssprache unnötig.

3.3.1.3. Die Formen von „ce qui" / „ce que" sind 52x belegt, allerdings sehr ungleichmäßig verteilt: „ce que" 46x und „ce qui" nur 6x.

Die volle Form „que" umfasst immer auch die elidierte Form „qu".

Für Relativsätze ohne Bezugswort ist also eher die Objektfunktion typisch. Sie sollte beim Üben Vorrang haben (Beispiel: „Regarde ce que j'ai trouvé!"). Als lernenswerte Wendung fällt zum einen die Verbindung mit „tout" auf (Beispiele: „Tout ce que je veux, c'est rentrer dans ma maison." / „Avec tout ce qui s'est passé l'année dernière, je voulais qu'on reprenne sur de nouvelles bases."). Zum anderen hängt „ce que" sehr häufig vom Verb „savoir" ab, so dass diese Konstruktion ebenfalls eine besondere Beachtung verdient (Beispiel: „Vous savez ce que je crois?").

3.3.1.4. Eine Voranstellung von „ce qui" / „ce que" (Beispiel: „Ce qu'il lui faudrait, c'est un endroit pas trop dépaysant.") ist mit 16 % eher selten. Entsprechend gering kann die Übungsrelevanz ausfallen.

3.3.1.5. Bei „ce qui" / „ce que" überwiegt die Objektfunktion. Das Ergebnis bei den Relativpronomen „qui" / „que" steht hierzu im Gegensatz. Von insgesamt 90 Belegen entfallen auf „qui" 70 und auf „que" nur 20 Vorkommen. Bei Relativsätzen mit Bezugswort überwiegt also deutlich die

Subjektfunktion. Das häufigste Bezugswort des Relativpronomens „qui" ist ein personales Nomen im Singular (Beispiel: „Il me fait penser à ce type qui tombe du dixième étage et qui répète «jusqu'ici tout va bien, jusqu'ici tout va bien»."). Das häufigste Bezugswort des Relativpronomens „que" ist gleichfalls ein Nomen im Singular. Es ist zu etwa gleichen Teilen personal und nicht-personal.

3.3.1.6. In ca. einem Drittel der Fälle erscheinen die Relativpronomen „qui" / „que" innerhalb der „mise en relief" mit der Struktur „c'est ... qui / que". Das heißt aber auch, dass die Verwendung außerhalb der „mise en relief" häufiger ist. Damit ist die Entscheidung, die Hervorhebung erst deutlich nach „qui" / „que" einzuführen, aus der Sicht der normalen gesprochenen Umgangssprache didaktisch gut begründet.

3.3.1.7. „Où" ist als Relativpronomen selten. Es kommt nur 6x vor.

3.3.1.8. Traditionell werden die Relativpronomen in Sprachlehrgängen nacheinander in den folgenden Systemen eingeführt: zunächst „qui" / „que / „où", dann „ce qui" / „ce que", schließlich „dont" und „lequel". Vergleicht man die Vorkommenshäufigkeit der Systeme in unserem Corpus, zeigt sich, dass diese Reihenfolge mit Blick auf die normale gesprochene Umgangssprache gerechtfertigt ist.

	Absolut	Prozent	Gewichtung innerhalb des Systems
Relativpronomen	149	100 %	
qui / que / où	96	64,43 %	qui = 70 (72,92 %), que = 20 (20,83 %), où = 6 (6,25 %)
ce qui / ce que	52	34,9 %	ce que = 46 (88,46 %), ce qui = 6 (11,54 %)
lequel	1	0,67 %	
dont	0	0 %	

Innerhalb der Systeme sollten „qui" und „ce que" die Übungsschwerpunkte sein. Es ist sicher sinnvoll, „ce qui" und „ce que" gemeinsam zu behandeln. Das Relativpronomen „où" muss aber nicht zwangsläufig zusammen mit „qui" / „que" eingeführt und geübt werden. Es könnte wegen seiner geringen Frequenz zur Entlastung weiter nach hinten im Sprachlehrgang verlagert werden.

Krassin 1994 formuliert nach der Durchsicht einer Reihe von Frequenzuntersuchungen die folgende Erkenntnis: „Der Anteil an ‚qui' liegt ... in allen Corpora am höchsten, gefolgt von ‚que', das von der Zeitungssprache bis zur Sprache der Unterschicht zunimmt, während ‚dont' und ‚lequel' abnehmen." (S. 46) und später „Festzuhalten bleibt jedenfalls, daß von der geschriebenen Sprache der Zeitung über die gesprochene Allgemeinsprache bis zur Sprache niedrigerer Schichten die Relativpronomina zunehmend auf die zwei Formen ‚qui' und ‚que' reduziert werden ..." (S. 46). Hier besteht eine Entsprechung zu unseren Ergebnissen, es fällt aber auf, dass in den Auswertungen von Krassin die Formen „ce qui" / „ce que" gar nicht auftreten.

3.3.2.   Die Ergebnisse im Detail

3.3.2.1. Die empirische Untersuchung der Relativpronomen setzt zunächst einige Begriffsbestimmungen voraus.

Bei „que" werden die Fälle ausgesondert, in denen es sich nicht um ein Relativpronomen, sondern um eine Konjunktion handelt. Bei der Abgrenzung ist besonders auf die Form von „mise en relief" zu achten, in der sich „que" nicht auf ein direktes, sondern auf ein indirektes Objekt (Beispiel: „C'est à moi que Grand-Père a légué le Mistral.") oder auf eine adverbiale Bestimmung (Beispiel: „C'est à cause d'une femme que je veux m'installer à Marseille.") bezieht. Auch die Verwendung von „que" in Zeitangaben wird als Konjunktion gezählt (Beispiele: „Mais ça fait des années que je te fais payer un loyer dérisoire." / „Depuis le temps que je bosse pour me payer mes études ..." / „Tu vas le revendre 3 fois le prix que tu l'as acheté, c'est ça?").

„Ce qui" / „ce que" werden durchgängig zu den Relativpronomen gerechnet. Wir stellen diese Einordnung nicht in Frage, da sie gängige Praxis in den aktuellen Schulgrammatiken ist.

Siehe den Exkurs am Ende dieses Artikels.

Dementsprechend werden bei „qui" / „que" / „où" / „lequel" nur solche Fälle zu den Relativpronomen gerechnet, in denen ein Bezugswort vorhanden ist (Beispiele: „J'ai ici le plan détaillé des lieux, voilà, ainsi que quelques photos qui datent de la semaine dernière." / „Et tout ça, c'est parce que la seule personne au monde que tu respectes, c'est toi, toi, toi, toi!" / „Vous vous souvenez, c'est la boîte où il y avait les lettres." / „Est-ce que je vais me faire des potes, de vrais amis, tu sais? Sur lesquels on peut vraiment compter, quoi?"). Hingegen werden die folgenden Beispiele nicht zu den Relativpronomen gezählt: „Je sais pas qui c'est." / „Alors dis-moi où elle est." / „*Léo:* Salut. Tu te jettes pas sur les clients. *Roland:* Ça dépend lesquels." Auch die Verbindungen mit „n'importe" wurden aussortiert: „Mais c'est une véritable tête brûlée, elle peut suivre n'importe qui n'importe où." / „J'appelle une agence immobilière n'importe laquelle et je mets en vente."

Bei „qui" wird noch zwischen „C'est qui qui a appelé à cette heure-là?" und „Parce que, hey, si c'est pas nous qui c'est qui s'occupera de vous quand vous serez vieux?" unterschieden. Das erste Beispiel wird zu den Relativpronomen gezählt. Das Bezugswort für das Relativpronomen „qui" ist das Interrogativpronomen „qui". Im zweiten Beispiel handelt es sich bei beiden „qui" um Interrogativpronomen.

Abhängige Nebensätze mit „que" vom Typ „Je ne sais pas que faire." kommen im Corpus erwartungsgemäß nicht vor.

3.3.2.2. Zu „qui" / „que":
Es wird untersucht, wie häufig die Relativpronomen „qui" / „que" innerhalb der „mise en relief" auftreten. Außerdem werden die Bezugswörter nach den Kategorien „Person / Sache / Numerus / Wortklasse" untersucht. (Mit „Person / Sache" ist die Opposition „animé / non animé" gemeint, allerdings wurden Tiere gesondert berücksichtigt.)

3.3.2.3. Zu „qui":

3.3.2.3.1. Als Relativpronomen kommt „qui" 70x vor.

3.3.2.3.2. Immerhin 23x ist es Teil einer „mise en relief" (Beispiel: „C'est Maman qui a raison!"). Das sind 32,86 %, also fast ein Drittel des Gesamtvorkommens. (Zu den Einzelergebnissen bei der „mise en relief" siehe die entsprechende Untersuchung in 3.1.)

3.3.2.3.3. Die folgende Tabelle zeigt die Kategorien der Bezugswörter:

Personen	50	71,43 %	**Le père qui** rachète son outil de travail à son propre fils, avoue que c'est pas banal, non.
Sachen	19	27,14 %	Ah, lui, c'est Roland, c'est le patron **du bar qui** est là.
Tiere	1	1,43 %	Il est où, mon shirt canadien avec **le caribou qui** fait du patin?

Singular	53	75,71 %	**Le seul qui** ait cru qu'il était innocent, c'est Roland.
Plural	17	24,29 %	Toi, tu ranges **les BD qui** traînent.

Nomen	43	61,43 %		Ce soir, à 18 heures, un acheteur potentiel va venir visiter **ton bar qui** est dans mes murs.
Unverbund. Pers. pron.	11	15,71 %	elle, moi (3x), toi (7x)	C'est **toi qui** as choisi et c'est définitif.
Indefinit-pronomen	7	10 %	quelqu'un (3x), quelque chose, rien, le seul, une	Il y a **quelqu'un qui** a décroché.
Namen	5	7,14 %		En plus j'ai une copie mais elle est dans ma clé USB et c'est **Rudy qui** l'a.
Demonstrativpronomen	3	4,29 %	celles, ceux (2x)	Mais je te préviens, **ceux qui** se présenteront ici, ils feront la visite à coups de pied au cul.
qui	1	1,43 %		C'est **qui qui** a appelé à cette heure-là?

Ergebnis: Das häufigste Bezugswort des Relativpronomens „qui" ist ein personales Nomen im Singular.

Auf drei Besonderheiten sei noch hingewiesen:

– Von den 11 Fällen, in denen das Bezugswort ein unverbundenes Personalpronomen ist, handelt es sich 7x um eine „mise en relief" mit „c'est ... qui ...". Anders formuliert: Bezieht sich das Relativpronomen „qui" auf ein unverbundenes Personalpronomen, beträgt die Wahrscheinlichkeit im untersuchten Corpus, dass dies innerhalb einer „mise en relief" geschieht, immerhin 63,64 %. Zum Vergleich: Die Korrelation bei Nomen ist mit 30,23 % (13x mise en relief bei 43 Nomen) deutlich geringer.

– Die Verbindung des Relativpronomens „qui" mit einer Präposition, z.B. „la fille avec qui ...", ist im Corpus nicht belegt.

– Die Elision des „i" in „qui" vor Vokal, die mitunter als ein Merkmal familiärer Umgangssprache angesehen wird, ist im Corpus nicht deutlich zu identifizieren. An zwei Stellen scheint sie gegeben zu sein, dabei handelt es sich aber wohl eher um eine Verschleifung, die durch schnelles Sprechen entsteht („C'est toi qui dis ça?! Toi qu'es, qu'es toujours en train de courir partout là, qui malgré ton grand âge ..."). Jedenfalls ist das elidierte „qui" (Relativpronomen) im vorliegenden Corpus kein Merkmal der normalen gesprochenen Umgangssprache.

Siehe auch Krassin 1994. Sie kommt nach ihren Auswertungen ebenfalls zu der Einschätzung, dass es sich beim elidierten „qui" um „eine relativ selten genutzte Verschleifungserscheinung bei schnellem Sprechen handelt" (S. 47).

3.3.2.4. Zu „que":

3.3.2.4.1. Als Relativpronomen kommt „que" 20x vor.

3.3.2.4.2. 7x ist „que" innerhalb der Struktur „c'est ... que ..." belegt. Das sind 35 %, also dem Ergebnis bei „qui" sehr ähnlich.

Die Auswertung von Schafroth 1993 stützt in etwa dieses Ergebnis. Mit Blick auf das „Corpus d'Orléans" stellt er einen Anteil von 41,61 % (S. 180) und mit Blick auf das Crédif-Corpus einen Anteil von 32,39 % (S. 195) Präsentativkonstruktionen fest.

Dabei handelt es sich 5x um eine echte „mise en relief" (Hervorhebung des eingebetteten Elements, Beispiel: „C'est mon expulsion que vous voulez fêter?"). 2x handelt es sich innerhalb der Struktur „c'est ... que ..." um einen bloßen Hinweis (Beispiel: „Hey, stresse pas! C'est un musicos que j'ai rencontré dans le train!"). Zu den Einzelergebnissen bei der „mise en relief" siehe die entsprechende Untersuchung in 3.1. Dort wurde deutlich, dass es sich bei der Mehrzahl der hervorgehobenen Elemente um adverbiale Bestimmungen handelt und „que" dann als Konjunktion gewertet wird (siehe 3.1.2.4).

3.3.2.4.3. Die folgende Tabelle zeigt die Kategorien der Bezugswörter:

Personen	9	45 %	Je crois que j'ai trouvé **l'architecte qu'**il nous faut!
Sachen	11	55 %	**Les peintures anti-rouille qu'**ils nous ont livrées au chantier sont périmées.

| Singular | 15 | 75 % | Et tout ça, c'est parce que **la seule personne au monde que** tu respectes, c'est toi, toi, toi, toi! |
| Plural | 5 | 25 % | Je prends **les clients que** je veux et que je peux. |

Nomen	17	85 %		Bah, vas-y, laisse tomber **l'image qu'**on va avoir de nous à Paris hein, merci!
Indefinit-pronomen	1	5 %	quelqu'un	Ce qu'il lui faudrait, c'est un endroit pas trop dépaysant. Chez **quelqu'un qu'**elle connaît par exemple.
Demonstra-tivpronomen	2	10 %	celle, ça	Bon, voilà **celle que** je cherchais, et en retard, hein, comme d'habitude. / C'est **ça que** tu veux?

Ergebnis: Das häufigste Bezugswort des Relativpronomens „que" ist (wie auch bei „qui") ein Nomen im Singular. Es ist zu etwa gleichen Teilen personal und nicht-personal.

3.3.2.5. Zu „où":

Als Relativpronomen ist „où" 6x belegt.

- Es vertritt 3x Ortsbestimmungen (alle Beispiele: „Vous vous souvenez, c'est la boîte où il y avait les lettres." / „Dans un endroit où t'avais aucune raison de fouiller, hein." / „Dis-moi, mon petit François, tu es venu ici sur cette terrasse pour me menacer? Là où je t'ai appris à faire du vélo à roulettes?").
- Es steht 2x in Verbindung mit Zeitbestimmungen (alle Beispiele: „Jusqu'au jour où on coulera, à pic." / „Enfin le jour où elle me verra avec une nana dans ma piaule, alors là, je te raconte pas, quoi!").
- Es tritt 1x als Teil einer Konjunktion auf: „Au cas où elle sortira, je ferai une petite visite médicale."

Eine Verbindung mit Präpositionen (z.B. „la ville d'où il vient") ist nicht belegt.

„Où" ist als Relativpronomen selten. Immerhin wäre es aber verkürzt, „où" nur in seinem Bezug auf Ortsbestimmungen zu erwähnen und zu üben, ein Hinweis auf die Verbindung mit Zeitbestimmungen ist angebracht.

Siehe GBH Déc Sj 2 2013, S. 11. Dort heißt es fälschlicherweise: „Das Relativpronomen ‚où' bezieht sich immer auf Ortsbestimmungen ..." In diesem Punkt besteht noch dasselbe Manko, das schon in Abel 1998, S. 26 bemängelt wird: „Es ist für deutsche Schüler nicht selbstverständlich, daß das Relativadverb ‚où' auch eine temporale Bedeutung hat. "

3.3.2.6. Zu „ce qui" / „ce que":

Es wird untersucht, wie häufig der Relativsatz mit „ce qui" / „ce que" voransteht, so dass die Information des Hauptsatzes durch den Präsentativ „c'est" hervorgehoben wird (Beispiele: „Tout ce qui t'intéresse, c'est ton boulot et tes pétasses." / „Tout ce que je veux, c'est rentrer dans ma maison."). Wie bei „c'est ... qui / que" handelt es sich also um eine Form der „mise en relief".

Weiterhin wird überprüft, ob es lexikalische Verbindungen gibt, die gehäuft zusammen mit „ce qui" / „ce que" auftreten, so dass diese auch didaktisch eine besondere Aufmerksamkeit verdienen.

3.3.2.7. Zu „ce qui":

3.3.2.7.1. Als Relativpronomen kommt „ce qui" 6x vor. Es ist also ähnlich selten wie „où" als Relativpronomen.

3.3.2.7.2. In der Struktur einer „mise en relief" ist es nur 1x belegt (Beispiel s.o.).

3.3.2.7.3. Wenn „ce qui" geübt wird, sollte die Verbindung mit „tout" berücksichtigt werden. Sie ist im Corpus 3x vertreten, davon 2x in Verbindung mit „avec". Idiomatisch interessant sind also Wendungen mit „avec tout ce qui ..." (Beispiele aus dem Corpus: „Avec tout ce qui s'est passé l'année dernière, ..." / „Tu sais, en ce moment, rien ne peut m'atteindre. Heureusement, parce qu'avec tout ce qui me tombe dessus.").

3.3.2.8. Zu „ce que":

3.3.2.8.1. Als Relativpronomen kommt „ce que" 46x vor.

3.3.2.8.2. Auch bei „ce que" ist die „mise en relief" nicht wirklich frequent. Sie ist 6x belegt (Beispiel: „Ce que je n'aime pas, mais alors pas du tout, c'est quand on me change de classe à la dernière seconde.").

3.3.2.8.3. Der nachgestellte Relativsatz mit „ce que" ist 40x belegt. Als Übungsschwerpunkte bieten sich die Verbindungen mit „c'est" und mit bestimmten Verben an.

3.3.2.8.4. Die Verbindung mit „c'est" kommt 10x vor (Beispiel: „C'est ce que j'ai de mieux à faire de toute façon."). Interessant ist die Kombination mit „bien" und „dire": Lernenswert sind also Wendungen wie „C'est bien ce que je dis ..." / „C'est bien ce que je me disais ...". Sie kommen je 2x vor.

3.3.2.8.5. In 23 Fällen folgt „ce que" auf unterschiedliche Verben. Der eindeutige Schwerpunkt ist dabei „savoir", das allein 8x vertreten ist (34,78 %). (Beispiele aus dem Corpus: „Tu sais ce que je suis pour toi?" / „J'essaie de savoir ce que t'en penses.") Auffällig ist der Anschluss mit „c'est", der 2x vorkommt. Wendungen wie „... je sais très bien ce que c'est" / „... je sais pas ce que c'est" sind behaltenswert.

Neben der frequenten Verbindung mit „savoir" treten noch die folgenden Verben auf: 3x „regarder" („Regarde ce que j'ai trouvé!"), 2x „mériter" („Et toi tu mérites ce qu'il y a de plus beau!"), 2x „vouloir" („J'ai toujours voulu ce qu'il y a de mieux ..."), 1x jeweils „avoir ce que", „comprendre ce que", „dire ce que", „demander ce que", „intéresser ce que", „voir ce que", „ça ne sert à rien ce que", „nier tout ce que".

3.3.2.8.6. 6x steht „ce que" nach einer Präposition,
- davon 3x nach „à" („Quand je pense à ce qu'il a dû faire subir à sa pauvre femme." / „Il s'intéresse à ce que je fais, lui au moins!" / „Attends-toi à ce que je te fasse la gueule.").
- 2x nach „avec" („A propos, j'aimerais bien qu'on me tienne un peu au courant, hein, parce qu'avec ce qu'on raconte sur la vente du Mistral ..." / „... avec tout ce qu'on a dépensé pendant les vacances").
- 1x nach „de" („Tu as conscience de ce que ça signifie?").

3.3.2.8.7. In nur einem Fall drückt „ce que" einen Grad aus, wäre also im Deutschen mit „wie" zu übersetzen: „Vous pouvez pas savoir ce qu'on a été heureux dans cet appartement, Albert et moi."

3.3.2.8.8. Auch bei „ce que" fällt die Kombination mit „tout" auf, die insgesamt 6x auftritt. Die Wendung „tout ce que" sollte beim Üben vorkommen

(Beispiele aus dem Corpus: „Tout ce que je veux, c'est rentrer dans ma maison." / „... avec tout ce qu'on a dépensé pendant les vacances" / „... c'est tout ce que tu mérites" / „Il a nié tout ce que j'étais.").

3.3.2.9. Zu „lequel":

Das einzige Beispiel für „lequel" als Relativpronomen lautet: „Est-ce que je vais me faire des potes, de vrais amis, tu sais? Sur lesquels on peut vraiment compter, quoi?" Hier wird also in der normalen gesprochenen Umgangssprache „lequel" verwendet, obwohl eher „qui" zu erwarten wäre: „... Sur qui on peut vraiment compter ..."

Die Frequenz ist zu niedrig, als dass man weitere Schlüsse aus diesem Vorkommen ziehen könnte.

Exkurs zu „ce qui" / „ce que": Die Zuordnung von „ce qui" / „ce que" zu den Relativpronomen ist nicht unproblematisch. Und zwar aus zwei Gründen:

1. Grevisse 1980 nennt als Relativpronomen nur „qui, que, quoi, lequel, dont, où" (n° 2605). „Ce qui" / „ce que" sind lediglich Zusammensetzungen aus „ce" und dem Relativpronomen (n° 2606, 3): „Le pronom relatif représente le plus souvent un nom ou un pronom. Parfois cependant il représente une proposition entière: celle-ci est alors reprise ou annoncée par le pronom neutre ,ce' ou par un nom de sens général comme ,chose', ,fait', etc., que l'on place devant le relatif." Weiter oben wurde schon darauf hingewiesen, dass bei Krassin 1994 im Kapitel „Relativpronomen" die Formen „ce qui" / „ce que" nicht vorkommen (S. 41–47). Im Klein / Strohmeyer 1958 wird „ce qui" / „ce que" als „neutrales Relativ" (§ 282) bezeichnet. Dort heißt es sinngemäß: Wenn ein persönliches oder sachliches Beziehungswort fehlt, brauchen „qui" / „que" ein „neutrales" Beziehungswort, nämlich „ce". Es formt aber mit „qui" / „que" eine „feste Verbindung". Dies ist wohl der Grund, weshalb „ce qui" / „ce que" als Ganzes als Relative bezeichnet werden. Auch das Nachfolgewerk des Klein / Strohmeyer, die Grammatik von Klein / Kleineidam 1983, nennt „ce qui" / „ce que" nur „die Relative", wobei „ce" noch als eigenständiges Bezugselement Erwähnung findet: „Das Bezugselement ,ce' + ,qui / que / dont / à quoi' entspricht im Deutschen einem beziehungslosen ,was', ,woran' ..." (§ 139). Erst die OG Fr 2009 spricht ohne Differenzierung von „ce qui" / „ce que" als Relativpronomen (S. 144). Da diese Zuordnung aktuell maßgeblich für die grammatische Progression in Lehrwerken ist, bestimmt sie auch unserer Frequenzuntersuchung.

2. Selbst wenn „ce qui" / „ce que" als eigenständige Pronomen gewertet werden, muss dies nicht bedeuten, dass sie immer nur Relativpronomen sind. Warum? Es ist nicht ganz überzeugend, dass bei der Transformation der Fragen „Qui (est-ce qui)

t'as écrit?" / „Qui est-ce que tu as invité?" in die abhängigen Nebensätze „Je vou-
drais savoir qui t'a écrit." / Je voudrais savoir qui tu as invité." das „qui" Interro-
gativpronomen bleibt, während bei der strukturell identischen Transformation der
Fragen „Qu'est-ce que tu fais?" / „Qu'est-ce qui ne va pas?" in die abhängigen
Nebensätze „Je voudrais savoir ce que tu fais." / „Je voudrais savoir ce qui ne va
pas." die Kategorie gewechselt wird und aus den Interrogativ- plötzlich Relativpro-
nomen werden. Wiederum differenziert die aktuelle OG Fr 2009 nicht, vielmehr wird
bei der „indirekten Ergänzungsfrage nach Sachen" (S. 182) nur neutral formuliert:
„In der indirekten Frage nach Sachen wird für das Subjekt ‚ce qui' (‚was') und für
das direkte Objekt ‚ce que' (‚was') verwendet." Die Nennung der Wortklasse wird
vermieden.

Klein / Strohmeyer 1958 bezeichnete in § 288 in den Sätzen „Dites-moi ce qui vous
plaît." und „Dites-moi ce que vous regardez." die Formen „ce qui" / „ce que" noch
als „neutrale Fragepronomen". Allerdings ist die Unterscheidung zwischen dem
„neutralen Relativ" und dem „neutralen Fragepronomen" nicht überzeugend. In
§ 282 wird z.B. „ce que" im Beispielsatz „Savons-nous ce que nous serons de-
main?" als neutrales Relativ bezeichnet. Andererseits werden in § 288 in den Sätzen
„Dites-moi ce qui vous plaît." und „Dites-moi ce que vous regardez." die Formen
„ce qui" / „ce que" zu den „neutralen Fragepronomen" gezählt. Es können aber
sowohl „Savons-nous ce que nous serons demain?" als auch „Dites-moi ce que
vous regardez." aus den Fragen „Qu'est-ce que nous serons demain?" bzw.
„Qu'est-ce que vous regardez?" abgeleitet werden. Worin liegt also der Unter-
schied? Eine schwierige Frage. Béchade 1989 formuliert entsprechend: „Etant
donné que plusieurs formes pronominales sont communes aux systèmes relatif et
interrogatif indirect (‚ce dont, ce qui, ce que, où, qui, quoi'), on ne peut déterminer
si l'on a affaire à une relative substantive ou à une interrogation indirecte que
d'après le sens du verbe principal: «On apprécie ce qu'il fait» / «On demande ce
qu'il fait». Il n'en reste pas moins qu'il est parfois délicat de trancher." (S. 315).
Auch Abel 1998 bemängelt, dass in den Grammatischen Beiheften zu den gängigen
in Deutschland produzierten Französischlehrwerken (Sekundarstufe I) der 1980er
und 1990er Jahre die Relativsätze mit „ce qui" / „ce que" nur unzureichend von
den indirekten Fragen nach Sachen unterschieden würden, stellt aber gleichzeitig
fest: „Zuweilen ist es fraglich, ob ein Ausdruck als Relativsatz oder als indirekter
Fragesatz zu verstehen ist." (S. 42). Wie dem auch sei. Jedenfalls ist klar, dass eine
Zuweisung von bestimmten „ce qui" / „ce que" zu den Fragepronomen unsere
Statistik verändern würde.

3.4. Funktionen des Gérondif

3.4.1. Das didaktische Fazit

Beim Gérondif stehen die temporale und die modale Funktion im Mittelpunkt. Die konditionale Funktion kann eventuell ganz unerwähnt bleiben.

3.4.2. Die Ergebnisse im Detail

Eine weitere Frage, die diese Untersuchung behandelt, ist die nach den Funktionen des Gérondif. Im GBH Déc Sj 4 2015 wird auf S. 34 ganz traditionnel erklärt, dass das Gérondif „eine Gleichzeitigkeit, eine Bedingung oder eine Art und Weise ausdrücken" kann. Erfahrungsgemäß ist es schwierig, überzeugende Beispiele zu finden oder zu konstruieren, die die konditionale Funktion illustrieren und eine ausreichende Trennschärfe zur temporalen oder modalen Funktion haben. Die Schwierigkeit besteht sowohl für die Erklärung in der Grammatik als auch für die entsprechenden Übungssätze.

Um der Ausgangsfrage nachzugehen, wird nun untersucht, welchen Funktionen die im Corpus verwendeten Gérondif-Formen zugeordnet werden können.

Hier alle Vorkommen (in Klammern dahinter jeweils die Funktion):
1. *Malik:* Tu sais Mélanie, si un jour je suis un grand avocat... je t'offrirai des grandes vacances.
Mélanie: Ouais c'est ça, **en attendant** avale ton carburant. (temporal)
2. *Charlotte:* ... Moi aussi, eh, je me tirais tout le temps de chez mes parents, je faisais ça **en espérant** qu'ils s'inquiètent pour moi. (temporal)
3. *Roland:* Moi aussi, j'aimerais bien me perfectionner mon bolivien **en allant gambader** dans la pampa. (modal)
4. *M. Martinot:* **En gardant** le fond, votre père pourra continuer son activité. (temporal)
5. *François:* Alors, **en attendant**, il faut qu'on soit un peu plus prudent, c'est tout. (temporal)
6. *Roland:* Et comment je paie? **En hypothéquant** ma dent en or? (modal)
7. *Blanche:* Que ça allait s'arranger, mais comment? **En nous emmenant passer** des vacances de luxe au Canada. (modal)
8. *Lucas:* Ah, c'est bien ce que je me disais. Tu fais la gueule, hein? Mais elle sera repartie de toute façon. *Rudy:* Mais pas comme ça, tu vois, pas **en nous prenant** pour des tocards. (modal)

9. *Ninon:* D'accord, le bac. **En attendant** il me reste deux jours de vacances et je compte bien en profiter. (temporal)

10. *Blanche:* Je comprends, Roland. Mais est-ce qu'on peut pas se mettre autour d'une table pour discuter au lieu de ... *Roland:* Au lieu de quoi? Je me défends, c'est tout. *Blanche:* **En rameutant** tout le quartier? (modal)

11. *Blanche:* Vous avez pensé aux enfants qui vont se retrouver au milieu de vos histoires? Qu'est-ce qu'ils vont dire **en voyant** leur père et grand-père s'étriper? (temporal?/konditional?)

Ergebnis: Im gesamten zweistündigen Corpus wird das Gérondif nur 11x verwendet. In der normalen gesprochenen Umgangssprache ist es also ziemlich selten. Die temporale und die modale Funktion sind jeweils 5x belegt. Lediglich in Beispiel 11 wäre neben der temporalen zur Not auch eine konditionale Funktion festzustellen („Qu'est-ce qu'ils vont dire quand ils verront ... ?" oder „Qu'est-ce qu'ils vont dire s'ils voyaient ... ?"). Obwohl die empirische Basis schmal ist, liegt die Vermutung nahe, dass es sich bei der konditionalen Funktion des Gérondif um keine Standardform der normalen gesprochenen Umgangssprache handelt.

3.5.   Die Kombination von Tempora und Modi im Bedingungssatz

3.5.1.   Das didaktische Fazit

Beim Bedingungssatz sollte die Aufmerksamkeit besonders der Kombination gewidmet werden, in der sowohl im „Si-Satz" als auch im Hauptsatz das Présent verwendet wird. Die vielfältigen anderen Kombinationen bedürfen weniger Aufmerksamkeit.

3.5.2.   Die Ergebnisse im Detail

3.5.2.1. Das Corpus enthält immerhin 102 „Si-Sätze", 94 davon werden mit dem vollen „si" eingeleitet, 8 mit „s' (elidiert)". „S' (elidiert)" steht hier ausschließlich vor „il".

5x handelt es sich dabei um „Bedingungssätze", die mit „comme si" eingeleitet werden, z.B. „C'est comme si on n'existait pas.". 2x ist mit dem „Si-Satz" ein Vorschlag bzw. eine Aufforderung verbunden, z.B. „Dis, Mélanie, si tu t'occupais de ton travail au lieu de t'occuper de ma santé, hein?". Bei 17 weiteren „Si-Sätzen" fehlt der Hauptsatz, z.B. „Bah tu vois, s'il est inquiet, tant mieux!".

Wir interessieren uns vor allem für die vollständigen Bedingungssätze, die also sowohl einen Nebensatz mit „si" als auch einen Hauptsatz enthalten. Hierfür gibt es im Corpus 78 Beispiele.

In 59 Fällen (75,64 %) steht der „Si-Satz" voran, z.B. „Si elle est majeure, vous pouvez rien faire.". In 19 Fällen (24,36 %) steht der „Si-Satz" nach dem Hauptsatz. Beide Stellungen gehören zu den Standardformen der normalen gesprochenen Umgangssprache, die Reihenfolge ‚erst „Si-Satz", dann Hauptsatz' scheint aber deutlich frequenter zu sein.

3.5.2.2. Nun zu den Kombinationen der Tempora und Modi im „Si-Satz" und im Hauptsatz. Bei einer Anzahl von 78 vollständigen Bedingungssätzen treten die folgenden Kombinationen im Corpus auf:

„Si-Satz"	Hauptsatz	Anzahl	Prozent	Beispiele
Présent	Présent	37	47,44 (!)	Et si elle s'en **remet** pas, moi non plus je m'en **remets** pas!
Présent	Futur simple	14	17,95	Tu sais, Mélanie, si un jour je **suis** un grand avocat, je t'**offrirai** des grandes vacances.
Présent	Futur composé	4	5,13	Et ça, si mon père l'**apprend**, il **va** se **retourner** dans sa tombe.
Présent	Impératif	4	5,13	Si elle **revient** d'elle-même, ne lui **faites** pas de reproches.
Présent	Conditionnel présent	2	2,56	Si la préfecture **apprend** que tu travailles ici, on **pourrait** avoir des problèmes.
Présent	Summe	61	78,20 (!)	
Passé composé	Présent	1	1,28	Bah, attends, on **peut** accepter personne dans le quartier si elle **a** pas **reçu** le baptême marseillais, tu vois.
Imparfait	Présent	1	1,28	Si t'**étais** habillé comme ça plus souvent, ça t'**avantage**.
Imparfait	Conditionnel présent	8	10,26	Si je **travaillais** pas, moi j'**aurais** plus qu'à rentrer chez moi.
Imparfait	Imparfait	1	1,28	Mais si tu **voulais** aller voir des ours, t'**avais** qu'à aller dans les Pyrénées.
Imparfait	Summe	10	12,82	
Plus-que-parfait	Conditionnel présent	2	2,56	Toi, si t'**avais** pas **balancé** à son père, on en **serait** pas là, tu vois.
Plus-que-parfait	Conditionnel passé	3	3,85	Qu'est-ce qu'on **serait** **devenues**, nous, si tu nous **avais** **rejetées**?
Plus-que-parfait	Imparfait	1	1,28	Si je m'en **étais** pas **rendu** compte, on **perdait** trois mille euros.
Plus-que-parfait	Summe	6	7,69	

Ergebnis: Es ist nicht sinnvoll, einzelne Kombinationen als Standardformen der normalen gesprochenen Umgangssprache herauszuheben. Die Kombinationen stehen nicht unbedingt in Konkurrenz zueinander, sondern drücken unterschiedliche Aussageintentionen bzw. unterschiedliche temporale Bedingungen aus. Es ist aber doch bemerkenswert, dass in ca. 78 % aller Fälle im „Si-Satz" das Présent steht und dass die Einzelkombinationen deutlich durch die Beispiele dominiert werden, in denen sowohl im „Si-Satz" als auch im Hauptsatz das Présent verwendet wird (ca. 47 %). Auch die Kombination „Si-Satz" = Présent, Hauptsatz = Futur simple kommt mit ca. 18 % noch relativ häufig vor. Es bleibt festzuhalten, dass, wenn eine Futurform für den Hauptsatz gewählt wird, das Futur composé (ca. 5 %) im Vergleich zum Futur simple selten ist.

Wir behandeln hier nicht die Frage nach den Verwendungsbedingungen von Futur simple, Futur composé und Présent futural im Hauptsatz eines Bedingungsgefüges. Wir verweisen erneut beispielhaft auf die Untersuchung von Schrott 1997. Zum Présent futural äußert sie die These, „daß das ‚présent futural' impliziert, daß eine futurische Handlung in der Gegenwart schon als Plan gegeben ist." (S. 145). Das Problem ist, dass es einen großen interpretatorischen Ermessensspielraum bei der Frage gibt, ob z.B. die folgenden beiden Vorkommen aus unserem Corpus zu dieser Erklärung passen: „Si elle part en maison de retraite, elle tiendra pas un mois.", also Futur simple, aber „Tu passes me voir si t'as un trou dans ton planning?", also Présent, obwohl die Erfüllung der Bedingung auch in der Zukunft liegen würde. Zusätzlich müsste geprüft werden, ob die Voran- bzw. Nachstellung des Hauptsatzes Auswirkungen auf die Tempuswahl hat (siehe hierzu Schrott 1997, S. 99, 100). Es ist klar, dass diese systemlinguistischen Unterschiede zu fein sind und zu wenig kommunikative Rentabilität haben, als dass sie Gegenstand im Unterricht der Sekundarstufe I werden könnten.

Alle übrigen Kombinationen liegen jeweils unter 11 %. Immerhin sind die „klassischen" Kombinationen „Si-Satz" = Imparfait, Hauptsatz = Conditionnel présent (10,26 %) sowie „Si-Satz" = Plus-que-parfait, Hauptsatz = Conditionnel passé (3,85 %) unter den seltenen Formen noch die häufigsten. Semantisch gibt es keine Überraschungen. Die Kombination „Si-Satz" = Imparfait, Hauptsatz = Conditionnel présent deckt die Bereiche von der erfüllbaren bis zur unerfüllbaren Bedingung ab.

Hier alle Vorkommen: „Mais attends, si je travaillais pas, moi j'aurais plus qu'à rentrer chez moi." / „Si j'étais toi, tu vois, j'essaierais de ... " / „Tu crois que je te laisserais partir loin de moi si je ne le savais pas? / Si je m'écoutais, je tirerais un feu d'artifice. " / „*Si on vivait ensemble, on pourrait faire l'amour plus souvent.* " / „*Si je vous écoutais, je serais bon pour obtenir une concession au cimetière des Aygalades.* " / „*Tu m'as dit que si je recommençais, tu me mettrais directement à la Ddass.* " / „*S'il y avait des bons pointeurs dans le nord, ça se saurait.* "

Die Kombination „Si-Satz" = Plus-que-parfait, Hauptsatz = Conditionnel passé bezieht sich wie erwartet auf eine nicht mehr erfüllbare Bedingung, da der Vorgang in der Vergangenheit liegt.

Hier alle Vorkommen: „Qu'est-ce qu'on serait devenues, nous, si tu nous avais rejetées? " / „*Si tu m'en avais parlé ..., tu m'aurais expliqué peut-être que ...* " / „*Si maman avait été là, au moins ça aurait été différent, tu vois.* "

In didaktischer Hinsicht legt die Auswertung den Schluss nahe, dass Einführen und Üben der Fälle, in denen im „Si-Satz" ein Présent steht, die größte kommunikative Rentabilität mit sich bringt.

3.6. Der Subjonctif

3.6.1. Das didaktische Fazit

3.6.1.1. Es überrascht nicht, dass sich das Vorkommen des Subjonctif auf die mit der Konjunktion „que" eingeleiteten Nebensätze konzentriert. Der Subjonctif hängt in diesen Fällen von auslösenden Verben im Hauptsatz ab. Diese „klassische" Subjonctif-Auslösung kommt 56x vor. Das sind 74,67 % aller 75 Subjonctif-Vorkommen. Die übrigen Fälle (Subjonctif nach anderen Konjunktionen, als Aufforderung im Hauptsatz, im Relativsatz nach Superlativ sowie in formelhaften Wendungen) treten zusammen 19x auf = 25,33 %.

3.6.1.2. Es handelt sich um 11 Verben, die den Subjonctif 56x auslösen. Dabei treten „il faut que" (mit seinen Varianten) und „vouloir que" allein 40x auf, das heißt, dass diese beiden Verben bereits 71,43 % aller Subjonctif-Auslösungen bewirken. Vergleicht man damit z.B. die 40 Verben und Ausdrücke, die im GBH Déc Sj 4 2015, S. 23–25, gleichberechtigt gelistet werden, so wird deutlich, dass in dieser Schulgrammatik für die Sekundarstufe I mit Kanonen auf Spatzen geschossen wird, zumindest soweit es um die normale gesprochene Umgangssprache geht.

3.6.1.3. Analysiert man die Subjonctif-Auslöser nach Tempus und Person, zeigt sich, dass von 56 Auslösern 45 im Présent stehen. Mit 80,36 % liegt hier der eindeutige Schwerpunkt. Bei der Analyse der Person brauchen die 24 Vorkommen von „falloir que" bei der Zählung nicht berücksichtigt zu werden, da die Wendung ohnehin immer 3. Person Singular ist. Bei den verbleibenden 32 Auslösern überwiegen die 1. und 2. Person Singular mit einem Vorkommen von 28 ebenfalls sehr deutlich. Das sind bezogen auf 32 Auslöser 87,5 %.

3.6.1.4. Bezieht man die Analyse nach Tempus und Person nur auf die frequentesten Auslöser „falloir que", „vouloir que" und „aimer (bien) que", so lautet das Ergebnis, dass das schlichte „il faut que", also im Présent und in affirmativer Form, 19x auftritt und so mit 33,93 % (19 von 56) eine sehr hohe kommunikative Rentabilität aufweist (Beispiel: „Il faut qu'on discute!"). Bei „vouloir que" ist die 2. Person Singular Präsens am häufigsten, und zwar als bejahte Frage (Beispiel: „Tu veux qu'on en parle?"). Sie kommt 7x vor (12,5 % bezogen auf alle 56 Auslöser). An zweiter Stelle folgt die 1. Person Singular Präsens in affirmativer Form (Beispiel: „Je veux que tout le monde soit au courant.“). Sie kommt 3x vor (5,36 % bezogen auf alle Auslöser). „Aimer que" ist 4x vertreten (7,14 % bezogen auf alle Auslöser), und zwar in den Varianten „j'aime que" (1x) („Moi quand je fais un travail, j'aime que ce soit bien fait.“) und „j'aimerais bien que" (3x) (Beispiel: „Mais j'aimerais bien que ce soit Laetitia Casta qui s'installe!“). Die Ergebnisse zeigen, dass allein die fünf Auslöser

- „il faut que ... “
- „je veux que ...“
- „tu veux que ...?“
- „j'aime que ...“
- „j'aimerais que ...“

mit einem Auftreten von 33 (58,93 %) weit mehr als die Hälfte des Vorkommens in unserem Corpus ausmachen. Entsprechend sollte der Schwerpunkt beim Üben der Subjonctif-Auslöser gesetzt werden.

3.6.1.5. Bei den Verben, die im Subjonctif stehen, werden alle 75 Formen analysiert (siehe 3.6.1.1). Weit mehr als die Hälfte aller Subjonctif-Formen (41x = 54,67 %) entfallen auf die 3. Person Singular und hiervon wiederum mehr als die Hälfte (22x = 29,33 % aller Subjonctif-Vorkommen) auf die Verbindung mit „on". Wird die Morphologie des Subjonctif geübt, sollte also der Schwerpunkt bei der 3. Person Singular gesetzt werden.

3.6.1.6. Man könnte vermuten, dass auf Grund der absolut gesehen hohen Zahl der Verben auf „-er" und des Übergewichts der Singularformen in den meisten Fällen die „Subjonctif-Form" nicht markiert ist. Denn im Singular der Verben auf „-er" unterscheiden sich Indikativ und Subjonctif nicht („je parle" = „que je parle", „tu parles" = „que tu parles"; „on parle" = „qu'on parle"). Diese Vermutung trifft nicht zu. Nicht markiert sind 33 Formen (44 %), markiert hingegen 42 Formen (56 %). Hier wirkt sich die hohe Frequenz bestimmter Verben aus. Am häufigsten treten die Subjonctif-Formen von „être" (10x), „avoir" (5x) und „aller" (3x) auf. Bei diesen Verben lohnt sich also das Training, besonders der Singularformen.

3.6.1.7. Dass die Zeitenfolge beim Subjonctif keine Rolle mehr spielt, ist bekannt. Insgesamt gibt es nur vier Formen im Passé composé (Beispiel: „Si tu trouves mon portable avant qu'elle ait raccroché, je double ton argent de poche."), die anderen 71 Subjonctif-Formen stehen im Présent (94,67 %).

3.6.2. Die Ergebnisse im Detail

3.6.2.1. Vorbemerkungen:

Vorbemerkung 1: In einem Satz wie „Je te laisse les clés, il faut que je file." kann man wegen der unmarkierten Verbform „file" nicht erkennen, ob es sich um den Subjonctif oder den Indikativ Präsens handelt. Da aber nach „il faut que", soweit es sich um Verben mit markierten Subjonctif-Formen handelt, immer der Subjonctif steht, ist es plausibel, auf Grund dieser „Gegenprobe" auch die nicht-markierten Formen zum Subjonctif zu zählen. Diese „Gegenprobe" ist im Corpus bei allen Auslösern möglich, mit einer Ausnahme: „attendre que" kommt nur 1x vor, und zwar mit dem nicht markierten Verb „charger" („On va pas attendre que son propriétaire s'en charge!"). Auch diese Form zählen wir aber aus Plausibiliätsgründen als Subjonctif, da sich im gesamten Corpus eben bei den markierten Formen kein Beispiel findet, in dem nach einem „traditionellen" Subjonctif-Auslöser ein Indikativ steht.

Zur Besonderheit beim Verb „espérer que" siehe weiter unten den Exkurs im Abschnitt 3.7.3.3.3.2.

Vorbemerkung 2: Häufig wird in den Schulgrammatiken auf die „Verben und Ausdrücke des Denkens und Meinens" verwiesen, bei denen der Subjonctif stehen kann, wenn sie verneint auftreten (Beispiele: „Je ne crois pas que tu m'aies bien compris." / „Je ne trouve pas qu'elle ait changé.", siehe z.B. OG Fr 2009, S. 88). Solche Fälle kommen in unserem Corpus nicht vor. Die entsprechenden Verben sind ausschließlich mit folgendem Indikativ zu finden.

3.6.2.2. Das Gesamtvorkommen:

Unter Berücksichtigung der Vorbemerkung 1 sind im Corpus 75 Verben zu finden, die im Subjonctif stehen. Dabei können nach der Art der Auslöser unterschieden werden:
– 11x ein Subjonctif nach konjunktionalen Ausdrücken (14,67 % des Gesamtvorkommens). Im Einzelnen:

- 6x nach „pour que" (Beispiel: „Je crois que j'ai une idée pour que Rachel soit pas trop dépaysée par son déménagement.")
- 2x nach „avant que" (Beispiel: „Si tu trouves mon portable avant qu'elle ait raccroché, je double ton argent de poche.")
- 2x nach „à condition que" (Beispiel: „Et encore à condition qu'on me tienne la main pour signer.")
- 1x nach „sans que" (Beispiel: „Si on l'aime assez, on pourra la changer, en douceur, sans qu'elle perde sa personnalité.")

– 6x als Aufforderung im Hauptsatz bzw. ohne spezifischen Auslöser (8 %) (Beispiel: „Allez, viens là que je te mette les épingles.")

– 1x im Relativsatz nach Superlativ (1,33 %) („C'était les plus belles vacances qu'on ait jamais eues, non?")

– 1x in formelhafter Wendung (1,33 %) („Quiconque aura, par quelque moyen que ce soit, fait ...")

– 56x im mit „que" eingeleiteten Nebensatz nach Auslösern im Hauptsatz (74,67 %) (Beispiel: „Je suis content que ça te fasse plaisir!")

3.6.2.3. Die Subjonctif-Auslöser:

Hier alle 56 Subjonctif-Auslöser in der Reihenfolge der Häufigkeit:

- 24x „falloir que" (42,86 % bezogen auf alle 56 Auslöser). Dabei 3 in der verkürzten Form ohne Pronomen (Beispiel: „Faut que je te raconte ...")
- 16x „vouloir que" (28,57 %)
- 4x „aimer que" (7,14 %)
- 3x „être content(e) que" (5,36 %)
- 2x „avoir envie que" (3,57 %)
- 2x „avoir peur que" (3,57 %)
- Jeweils 1x: „attendre que"; „en avoir marre que"; „ce serait bête que"; „ce serait bien que"; „préférer que" (zusammen 8,93%)

Von den 56 Auslösern sind 53 bejaht (94,64 %) und nur 3 verneint (5,36 %). (Hier die verneinten Fälle: „On va pas attendre que son propriétaire s'en charge!" / „J'ai pas envie qu'il y ait des ennuis." / „Pourquoi tu veux pas qu'on vive ensemble?")

Von den 56 Auslösern stehen

- 45 im Présent (80,36 %) (Beispiel: „Tu veux que je te le dise combien de fois?!")
- 7 im Conditionnel présent (12,5 %). Im Einzelnen: 3x „j'aimerais bien que" (Beispiel: „A propos, j'aimerais bien qu'on me tienne un peu au courant."), 2x „faudrait que" (Beispiel: „Et maintenant faudrait encore que je quitte mes copains."), 1x „ce serait bien que" („Alors, ce serait bien que tu prennes un petit boulot."), 1x „ce serait bête que" („Ce serait bête que tu commences crevée, quoi.")
- 2 im Passé composé (3,57 %) (Beispiel: „C'est pour toi que j'ai voulu qu'on s'installe ici.")
- 1 im Futur composé (1,79 %) („On va pas attendre que son propriétaire s'en charge!")
- 1 im Imparfait (1,79 %) („Avec tout ce qui s'est passé l'année dernière, je voulais qu'on reprenne sur de nouvelles bases.")

Von den 56 Auslösern stehen

- 18 in der 1. Person Singular (32,14 %) (Beispiel: „Je veux que tu me donnes un tiers de plus.")
- 10 in der 2. Person Singular (17,86 %) (Beispiel: „Tu préfères qu'on devienne un vieux couple?")
- 3 in der 3. Person Singular (5,36 %) (Beispiel: „On va pas attendre que son propriétaire s'en charge!")
- 1 in der 2. Person Plural (1,79 %) („Vous voulez que je vende le café de mon père?")

Die 1. und die 3. Person Plural kommen im Corpus nicht vor.

Die 24 Vorkommen von „falloir que" spielen keine Rolle, da sie ohnehin in der 3. Person Singular stehen.

Bei den 56 Auslösern handelt es sich

- in 46 Fällen um Aussagen (82,14 %) (Beispiel: „Moi aussi j'ai envie que Rachel se sente comme chez elle.")
- in 10 Fällen um Fragen (17,86 %) (Beispiel: „Tu préfères qu'on devienne un vieux couple?"). Die Fragen sind in 9 der 10 Fälle mit „vouloir que" verbunden: 1x mit „vous voulez que ...?" und 8x mit „tu veux que ...?", inclusive der einzigen verneinten Frage: „Pourquoi tu veux pas qu'on vive ensemble?".

Zum Schluss ein Gesamtüberblick über die häufigsten Auslöser „falloir" / „vouloir" / „aimer que":

- 24x „falloir que": 19x „il faut que"; 2x „faut que" (ohne „il"); 2x „faudrait que" (ohne „il"); 1x „il a fallu que"
- 16x „vouloir que": 7x „tu veux que?" (Frage); 1x „tu veux que" (Aussage); 4x „je veux que"; 1x „je voulais que"; 1x „j'ai voulu que"; 1x „vous voulez que?" (Frage); 1x „pourquoi tu veux pas que?" (Frage)
- 4x „aimer que": 3x „j'aimerais bien que"; 1x „j'aime que"

3.6.2.4. Die Verben im Subjonctif:

Von den 75 Subjonctif-Formen stehen

- 73 im Singular (97,33 %)
- 41 in der 3. Person Singular (54,67 %) (Beispiel: „J'ai pas envie qu'il y ait des ennuis.") Davon 22 mit der Personalform „on" (29,33 % bezogen auf alle Subjonctif-Formen) (Beispiel: „Il faut qu'on trouve une solution.")
- 20 in der 1. Person Singular (26,67 %) (Beispiel: „Oulà, bon bah, il faut que j'y aille.")
- 12 in der 2. Person Singular (16 %) (Beispiel: „Faut absolument que tu voies ce film!")
- 2 in der 3. Person Plural (2,67 %) („Eh bah, qu'ils continuent!" / „Et puis j'aimerais bien que dans cette famille les relations soient un peu moins monétaires.")

Die 1. und 2. Person Plural sind bei den Subjonctif-Formen nicht belegt.

Von den 75 Subjonctif-Formen sind

- 42 markiert (56 %) (Beispiel: „A propos, j'aimerais bien qu'on me tienne un peu au courant.")
- 33 nicht-markiert (44 %) (Beispiel: „Mais bon, il aura fallu cette aventure pour que je réalise enfin que tu as 17 ans.")

Hier die Reihenfolge der 42 markierten Verben nach der Frequenz ihres Auftretens im Corpus:

- „être": 10;
- „avoir": 5; „aller": 3;
- „faire": 2; „mettre": 2; „prendre": 2; „tenir": 2; „voir": 2 (alle unregelmäßig);

- Verb auf „-ir" ohne Stammerweiterung: „sentir": 2;
- unregelmäßig: „croire": 1; „devenir": 1; „dire": 1; „savoir": 1; „vivre": 1;
- Verb auf „-ir" mit Stammerweiterung: „réussir": 1;
- Verb auf „-ir" ohne Stammerweiterung: „mentir": 1; „partir": 1; „sortir": 1;
- Verb auf „-dre": „perdre": 1; „répondre": 1; „vendre": 1

3.7. Die Zeitenfolge

3.7.1. Vorbemerkung:

Das Ziel dieser Untersuchung besteht darin, nach der Frequenz bestimmter grammatischer Strukturen zu fragen, soweit diese im Französischunterricht der Sekundarstufe I vermittelt werden. Dabei geht es um eine Schwerpunktsetzung, die die kommunikative Rentabilität der Strukturen berücksichtigt. Es geht uns hingegen nicht darum, die Darstellung der Phänomene in den Schulgrammatiken zu kritisieren. Trotzdem sei bei dem Thema der Zeitenfolge eine Vorbemerkung erlaubt. In den Schulgrammatiken wird die Zeitenfolge fast ausschließlich im Rahmen der indirekten Rede / Frage behandelt. So z.B. in OG Fr 2009, S. 183–184. Als sogenannte „redeeinleitende" Verben werden in dieser Grammatik insgesamt (S. 180–188) verwendet: „ajouter", „dire", „écrire", „expliquer", „préciser" für die indirekte Rede und ausschließlich „demander" und „vouloir savoir" für die indirekte Frage. Auf S. 187 gibt es aber die interessante Feststellung: „Die Zeitverschiebungen gelten nicht nur in der indirekten Rede, sondern auch in anderen Nebensätzen mit ‚que': «Je pense que cette piste de ski n'est pas dangereuse.» > Je pensais que cette piste de ski n'était pas dangereuse." Diese „Nebenbemerkung" findet sich ähnlich auch im GBH Déc Sj 4 2015, S. 40, hier mit dem Beispiel: „Fabien croit que j'aime le camping. > Fabien croyait que j'aimais le camping." In beiden Darstellungen werden also Verben wie „penser" und „croire" nicht als Verben verstanden, die eine indirekte Rede einleiten. Dem widerspricht eine Aussage im GBH Déc Sj 2 2013, S. 38. Dort heißt es: „Diese Verben kommen häufig in der indirekten Rede vor: dire que, penser que, trouver que, expliquer que, répondre que." Hier zählt „penser" also durchaus zu den Verben, die eine indirekte Rede einleiten können. Woher kommt diese Inkonsequenz und welchen Sinn macht die Unterscheidung zwischen „dire que" einerseits und „penser que" / „croire que" andererseits? In Weinrich 1982 wird auf diese Unterscheidung verzichtet: „Auch wenn eine Meinung nur gedacht oder geglaubt und nie gesagt worden ist, wird sie eben dadurch, daß sie zitiert wird, zu einem Gegenstand der Mitteilung. Wir können daher unter Zitatbedingungen außer den «Verben des Sagens» (,verba dicendi') auch die «Verben des Denkens» (,verba putandi') und die «Verben des Fühlens» (,verba sentiendi') und überhaupt viele Verben der Formgebung den Verben der Mitteilung zurechnen." (S. 784). Weinrich ordnet also die Gesamtheit dieser Verben der „zitierten Meinung" (S. 784) zu. Ist diese Zuweisung nicht auch eine Überhöhung des Phänomens?

Konzentrieren wir uns auf die syntaktische Ebene. Was ist zu beobachten? Ein Nebensatz, der durch bestimmte „Unterordnungselemente" eingeleitet wird, hängt von einem Hauptsatz ab. Diese „Unterordnungselemente" sind die Konjunktionen „que", „si" und Fragewörter wie z.b. „où" oder „comment", aber auch „ce qui" / „ce que", wobei terminologisch unentschieden bleibt, ob diese hier als Relativ- oder als Interrogativpronomen zu bezeichnen wären (siehe den Exkurs am Ende des Abschnitts 3.3.2). Zwischen dem Verb des Hauptsatzes und dem Verb des Nebensatzes sind gewisse Regelmäßigkeiten bei den Tempora und Modi zu beobachten, und zwar unbhängig davon, ob es sich um Verben des Sagens, Denkens oder Fühlens handelt.

Um die Darstellung einfach zu halten, verwenden wir den Terminus „(übergeordnetes) Verb des Hauptsatzes" bewusst unpräzise. Natürlich kann das Verb, von dem das (untergeordnete) Verb des Nebensatzes abhängt, seinerseits in einem Nebensatz auftreten. Ein Beispiel aus dem Corpus wäre: „Tu parles, ils ont tous pris le large quand ils ont su qu'on rentrait de vacances, oui!" Diese Fälle kommen aber nur 5x vor. Es ist zu vermuten, dass solche Schachtelungen in der normalen gesprochenen Umgangssprache eher selten sind. Wir bezeichnen auch diese Fälle vereinfachend als ein Satzgefüge, das aus Haupt- und Nebensatz besteht.

Eine Besonderheit bilden die Verben, die den Subjonctif auslösen und die in Kapitel 3.6 analysiert wurden. Die Zeitenfolge greift hier nicht (mehr): „C'est pour toi que j'ai voulu qu'on s'installe ici." Wenn man kurz zur semantischen Ebene zurückkehren will, könnte man diese Verben als „wertend" einordnen.

Andere Verben sind gleichfalls „wertend", lösen aber nicht den Subjonctif aus (z.B. „Je pensais que c'était aussi dans ton intérêt."). In weiteren Fällen könnte die Beziehung zwischen Haupt- und Nebensatz als „berichtend" (z.B „J'ai dit que c'était compliqué!") bezeichnet werden.

Die Klassifikation verkompliziert sich allerdings, wenn über die Hereinnahme der grammatischen Person auch die Ebene der Sprechakte berücksichtigt wird. In der 1. Person Singular ist ein Satz wie „J'espère qu'elle a pas fait de bêtise." sicher ein „wertender" Sprechakt, während er in der 3. Person Singular („Il espère qu'elle a pas fait de bêtise.") vom Sprecherstandpunkt aus eher als „berichtend" zu bezeichnen wäre. Zwischen „berichtend" und „wertend" gibt es also vielfältige Übergänge. Für die Beschreibung der Zeitenfolge haben sie letztlich kaum Relevanz. Deshalb verlassen wir wieder die semantisch-pragmatische Sichtweise. Für unsere Frequenzanalyse reicht die oben beschriebene syntaktische Ebene aus.

Allerdings spielt die semantische Beziehung zwischen Haupt- und Nebensatz eine Rolle beim Ausschluss von Satzgefügen, die nicht Gegenstand dieser Analyse sind. Siehe Abschnitt 3.7.5.1.

Ein weiterer Sachverhalt ist zu berücksichtigen: In den Darstellungen der Zeitenfolge in den Schulgrammatiken und auch in den entsprechenden Übungen wird durchgehend davon ausgegangen, dass eine direkte Rede zu hören / lesen ist und dass diese Drittäußerung von einem Sprecher / Schreiber einem Hörer / Leser indirekt mitgeteilt wird. Ein Beispiel: „Joséphine: La douche ne marche pas. > Joséphine a dit que (nun muss der Schüler ergänzen) la douche ne marchait pas." (siehe Déc Sj 4 2015, S. 82). Unsere Analyse zeigt, dass ein solcher unmittelbarer Zusammenhang zwischen direkter und indirekter Rede in unserem Corpus an keiner Stelle vorkommt. Wir werden deshalb in der folgenden Untersuchung die Frage der Zeitenfolge von der Gliederung nach indirekter Rede / Frage lösen und uns stattdessen nach den „Unterordnungselementen" richten:
Es geht um die Zeitenfolge in abhängigen Nebensätzen, die eingeleitet werden durch

- die Konjunktion „que" (Beispiel: „J'ai cru qu'elle allait me crever les yeux!")
- die Konjunktion „si" (Beispiel: „Je voulais savoir si tu dînais avec moi.")
- Fragewörter (Beispiel: „Je vois pas où il est le problème, hein!") sowie „ce qui" / „ce que" (Beispiel: „Tu t'es jamais demandé ce que ça me faisait de me séparer de Maman?")

Es ist zu fragen, ob nicht auch in den didaktischen Unterweisungen die Priorität verändert und die Darstellung der Zeitenfolge von der indirekten Rede / Frage gelöst werden sollte.

Wir untersuchen, welche Verben in welchen Personen und Tempora in Haupt- und Nebensatz vorkommen und ob die in den Schulgrammatiken gegebenen traditionellen Regeln zur Zeitverschiebung durch unser Corpus bestätigt werden. Weiterhin wird festgestellt, ob das Verb des Hauptsatzes bejaht oder verneint ist. Außerdem unterscheiden wir zwischen den Fällen, in denen das Verb des Hauptsatzes in einem „Nicht-Passé-Tempus", und den Fällen, in denen es in einem „Passé-Tempus" steht. Wir benennen die Abfolge der Tempora im Haupt- und Nebensatz als „Zeitenfolge". Die Auswirkungen, die ein Tempus der Vergangenheit beim Verb des Hauptsatzes auf das Tempus des Verbs des Nebensatzes hat, bezeichnen wir als „Zeitverschiebung". Diese wird in den Schulgrammatiken traditionell mit der folgenden Regel beschrieben (so z.b. in OG Fr 2009, S. 183–184): „Steht das redeeinleitende Verb in einer Zeit der Vergangenheit, dann finden folgende Zeitverschiebungen statt: Passé composé > Plus-que-parfait, Présent > Imparfait, Futur simple > Conditionnel présent, Futur antérieur > Conditionnel passé." Es wird in den Schulgrammatiken hinzugefügt, dass bei Imparfait, Plus-que-parfait, Conditionnel présent und Conditionnel passé keine Zeitverschiebungen stattfinden. Als Bezugspunkt für die Zeitverschiebungen werden immer die Fälle angenommen, in denen das übergeordnete Verb im Présent steht. Allerdings ist das Présent als alleiniges Bezugstempus zu eingeschränkt. Wie wir weiter unten sehen werden, können die übergeordneten Verben auch z.B. im Futur simple, im Futur composé, im Conditionnel présent, im Imperativ und im Gérondif stehen. Deshalb fassen wir diese Möglichkeiten als „Nicht-Passé-Tempora" zusammen.

Wir verwenden die Begriffe „Zeitenfolge" und „Zeitverschiebung" jeweils als „terminus technicus". Die Termini sind in didaktischen Grammatiken eingeführt. Das bedeutet nicht, dass unsere Untersuchung leugnen würde, dass vor allem bei der Verwendung des Imparfait im Rahmen der Zeitfolge „modale Nuancen" eine Rolle spielen; siehe hierzu Hunnius 2015.

3.7.2.   Ein Gesamt-Fazit vorweg

Dieses „Gesamt-Fazit" kann hilfreich sein, wenn integrative Übungen zu konzipieren sind, die den gesamten Bereich der Zeitenfolge abdecken sollen.

3.7.2.1. Die oben beschriebenen abhängigen Nebensätze kommen insgesamt 150x vor. Die Frequenz ist sehr verschieden. Richtig lohnenswert ist eigentlich nur das Üben der abhängigen Nebensätze mit „que". Sie finden sich 110x (73,33 %). An zweiter Stelle stehen die Fragewörter sowie „ce qui" / „ce que" mit einer Frequenz von 34 (22,67 %) und weit abgeschlagen folgt „si" („ob") mit nur 6 Belegen (4 %).

3.7.2.2. Die wichtigsten übergeordneten Verben sind „savoir" (31x), „croire" (28x) und „dire" (22x). Diese drei Verben machen zusammen bereits 54 % des Vorkommens aus. Fasst man die Verben der Mitteilung so breit auf wie Weinrich 1982, S. 784, so muss man ihm widersprechen. Er schreibt auf S. 785: „Das häufigste Verb der Mitteilung ist das Verb ‚dire' ‚sagen'." In unserem Corpus ist das häufigste Verb der Mitteilung das Verb „savoir". Dies ist ein weiteres Indiz dafür, die Zeitenfolge von der indirekten Rede / Frage zu lösen.

3.7.2.3. Nur 20 der 150 übergeordneten Verben sind verneint (13,33 %).

3.7.2.4. Bei einer Analyse aller 150 übergeordneten Verben ist festzustellen, dass diese 134x in einer Singularform stehen (89,33 %), in der 1. Person Singular allein 65x (43,33 %). Es folgen die 3. Person Singular (31x = 20,67 %), die 2. Person Singular (30x = 20 %) und schließlich der Imperativ Singular (8x = 5,33 %). Als generelle Richtschnur kann also gelten, dass bei den übergeordneten Verben die Singularformen, speziell die 1. Person, im Vordergrund stehen sollten.

3.7.2.5. Von den 150 übergeordneten Verben stehen 110 (73,33 %) in einem „Nicht-Passé-Tempus" und nur 40 (26,67 %) in einem „Passé-Tempus". Bei diesem Verhältnis ist es didaktisch gut begründet, das Problem der Zeitverschiebungen nach übergeordneten Verben in einem „Passé-Tempus" erst deutlich nach den Fällen zu behandeln, in denen das Verb in einem „Nicht-Passé-Tempus" steht.

3.7.2.6. Bei den 110 übergeordneten Verben, die in einem „Nicht-Passé-Tempus" stehen, ist vor allem die Zeitenfolge Hauptsatz = Présent, Nebensatz = Présent übenswert (Beispiel: „Ah, je crois qu'elle bouge!"). Diese Kombination kommt 63x vor. Das sind 57,27 %, bezogen auf die Gesamtzahl von 110.

3.7.2.7. Bei den 40 Verben des Hauptsatzes, die in einem „Passé-Tempus" stehen, liegt die Kombination Hauptsatz = Passé composé, Nebensatz = Imparfait vorn (17x = 42,5 %), gefolgt von der Kombination Hauptsatz: Imparfait, Nebensatz: Imparfait (11x = 27,5 %). Bei einem Gesamtanteil von 70 % ist klar, dass hier der Schwerpunkt des Übens liegen sollte.

3.7.3. Die Zeitenfolge in mit der Konjunktion „que" eingeleiteten abhängigen Nebensätzen

3.7.3.1. In diesem Teil der Untersuchung beschäftigen wir uns mit den Satzgefügen, die aus einem Hauptsatz und aus einem davon abhängigen Nebensatz bestehen, der mit der Konjunktion „que" eingeleitet wird. Bedingung ist, dass das Verb des abhängigen Nebensatzes im Indikativ steht. Die 56 abhängigen Nebensätze, in denen der Subjonctif auftritt, wurden bereits in Kapitel 3.6 analysiert.

Zur Besonderheit beim Verb „espérer que" siehe weiter unten den Exkurs im Abschnitt 3.7.3.3.3.2.

Hervorhebungsstrukturen (Beispiele: „Mais ça fait 100 fois que je vous le dis." / „C'est pour votre fille que vous allez le faire.") werden nicht berücksichtigt. Ausgeschlossen sind auch alle Fälle, in denen Haupt- oder Nebensatz nicht vollständig ausgeführt sind (Beispiele: „Dire qu'elle veut remonter à Paris!" / „Excuse-moi, j'ai cru que ...").

So bleiben im Corpus 110 Satzgefüge übrig, die der geforderten Bedingung entsprechen. Der Vergleich mit den 56 Satzgefügen, in denen der Subjonctif auftritt, zeigt bereits, dass in unserem Corpus unter ähnlichen Bedingungen der Indikativ ca. doppelt so häufig wie der Subjonctif zu finden ist.

3.7.3.2. Das didaktische Fazit

3.7.3.2.1. Sieht man vom verwendeten Tempus ab, so ergibt sich, dass bei den 110 übergeordneten Verben des Hauptsatzes die Verben „croire que" (28x), „dire que" (18x), „savoir que" (10x) und „penser que" (9x) deutlich an der Spitze liegen. Mit einem Vorkommen von zusammen 65 machen sie 59,09 % aus.

3.7.3.2.2. Die Verneinung von „penser" („Je pensais jamais que ce serait aussi sérieux.") und „trouver" („Vous trouvez pas que c'est un peu ... ?") führt nicht zu einer Verwendung des Subjonctif (s. o. 3.6.2.1, Vorbemerkung 2). Die Möglichkeit der Subjonctif-Verwendung nach verneinten Verben und Ausdrücken des Denkens und Meinens sollte in der Sekundarstufe I kein Thema sein.

3.7.3.2.3. Untersucht man nun, in welchen Tempora die übergeordneten Verben des Hauptsatzes verwendet werden, so kann man zwischen den „Nicht-Passé-Tempora" und den „Passé-Tempora" unterscheiden. Diese Trennung ist sinnvoll, da ja nur bei den „Passé-Tempora" die sogenannten Zeitverschiebungen festzustellen sind. Zahlenmäßig finden sich unter den 110 Vorkommen 36 übergeordnete Verben in einem „Passé-Tempus" (32,73 %) und 74 in einem „Nicht-Passé-Tempus" (67,27 %).

3.7.3.2.4. Unter den 74 übergeordneten Verben, die in einem „Nicht-Passé-Tempus" stehen, sind die häufigsten „croire que" (22x), „savoir que" (7x, davon 2x „savoir bien que", 1x „savoir très bien que"), „dire que" (7x) und „espérer que" (5x). Mit einem Vorkommen von zusammen 41 machen sie 55,41 % aus.

3.7.3.2.5. Analysiert man die 74 übergeordneten Verben, die in einem „Nicht-Passé-Tempus" stehen, nach der Person, ergibt sich, dass der Singularbereich (inclusive des Imperativs) mit einem Vorkommen von 69 (93,24 %) sehr deutlich überwiegt. Nur „savoir" tritt auch 2x in der 2. Person Plural als Höflichkeitsform auf.

Die frequentesten Muster sind:

- „je crois (bien / même) que ..." (Beispiel: „Je crois que j'ai le cœur en panne.")
- „tu crois que ... ?" (als Frage) (Beispiel: „Tu crois que pour moi c'est facile?")
- „je sais que ..." / „tu sais (très) bien que ..." / „vous savez (très) bien que ..." (Beispiele: „Je sais que tu es toujours sa mère." / „Tu sais bien que j'y touche plus, aux boules." / „Mais, vous savez bien qu'on est de votre côté!")
- „j'espère que ..." (Beispiel: „J'espère qu'elle a pas fait de bêtise.")
- „t'es sûr(e) que ...?" (als Frage) (Beispiel: „T'es sûr que tout va bien?").

Diese Muster kommen zusammen 34x vor (45,95 %). Sie sind lernenswert.

3.7.3.2.6. Analysiert man die 74 übergeordneten Verben, die in einem „Nicht-Passé-Tempus" stehen, nach den Tempora von Haupt- und Nebensatz, ergibt sich, dass das Présent in jeder Hinsicht weit überwiegt. Von 74 Fällen stehen die übergeordneten Verben des Hauptsatzes 67x (= 90,54 %), die untergeordneten Verben des Nebensatzes 48x (64,86 %) im Présent.

Und die Zeitenkombination Hauptsatz = Présent, Nebensatz = Présent überwiegt ebenfalls deutlich mit einem Vorkommen von 44 (59,46 %) (Beispiel für diese Kombination: „Je pense qu'on a des choses à se dire."). Bei dieser „einfachen" Kombination kann der Schwerpunkt der Einführung und des Übens liegen.

3.7.3.2.7. Bei den 36 übergeordneten Verben, die in einem „Passé-Tempus" stehen, sind die häufigsten „dire que" (12x); „croire que" (6x); „penser que" (6x); „savoir que" (3x). Mit einem Vorkommen von zusammen 27 machen sie 75 % aus.

3.7.3.2.8. Hier sei nun zuerst die Tempora-Untersuchung erwähnt. Analysiert man die 36 übergeordneten Verben, die in einem „Passé-Tempus" stehen, nach den Tempora von Haupt- und Nebensatz, ergibt sich, dass Passé composé und Imparfait weit überwiegen. Von 36 Fällen stehen die übergeordneten Verben des Hauptsatzes 19x (52,78 %) im Passé composé, 13x (36,11 %) im Imparfait, die untergeordneten Verben des Nebensatzes 27x (75 %) im Imparfait. Und die Zeitenfolgen werden eindeutig dominiert durch den Fall Hauptsatz = Passé composé, Nebensatz = Imparfait (15x = 41,67 %) (Beispiel: „J'ai pas dit que je voulais pas l'aider!") und den Fall Hauptsatz: Imparfait, Nebensatz: Imparfait (10x = 27,78 %) (Beispiel: „Je croyais qu'il existait une loi aujourd'hui contre les loueurs de taudis."). Andere Zeiten bzw. Zeitenfolgen spielen keine Rolle und können didaktisch vernachlässigt werden. Die recht hohe Frequenz des Imparfait zeigt, dass dieses Tempus auch außerhalb des Aspektunterschiedes (siehe Kapitel 3.8) eine wichtige Rolle spielt und auch von daher lernenswert ist. Man kann dieses Imparfait innerhalb der Zeitenfolge als „Imparfait de concordance" bezeichnen (siehe hierzu Hunnius 2015, S. 227, der wiederum auf die Verwendung dieses Begriffs bei Wilmet 1997 verweist).

3.7.3.2.9. Es bleibt noch festzuhalten, dass die in den Schulgrammatiken (s. o.) beschriebenen „traditionellen Zeitverschiebungen" in unserem Corpus, und damit in der normalen gesprochenen Umgangssprache, offenbar gültig sind. Ausnahmen fallen nicht ins Gewicht.

Wir begnügen uns mit dieser Feststellung. Wir führen keine Diskussion über die Frage, ob oder wann es einen Kombinationszwang der Tempora in der Zeitenfolge gibt. Hunnius 2015 zeigt überzeugend, dass es dem Sprecher immer möglich ist, seiner Aussage eine besondere „modale" Nuance zu geben, wenn von der Zeitenfol-

ge abgewichen wird. Insofern greift auch der Begriff „Zeitenfolge" zu kurz. Hunnius weist besonders auf Entsprechungen zwischen dem „Imparfait de concordance" und dem Subjonctif hin und kommt zu dem Fazit: „Temporalität ist nicht auf den Indikativ beschränkt, wie umgekehrt Modalität nicht ausschließlich Sache des Konjunktivs ist." (ebd. S. 233). Das ist sicher richtig, aber für unsere Zwecke ist die Frequenz der Abweichungen wichtig. Und wenn diese sehr gering ist, stellt sich die Frage, wie „kommunikativ rentabel" es ist, in der Sekundarstufe I diese Abweichungen zu behandeln. Das von uns untersuchte Corpus bietet jedenfalls keine Veranlassung, die schulgrammatischen Regeln zu den „Zeitverschiebungen" zu ändern.

3.7.3.2.10. Beim Üben der Zeitverschiebungen ist es sehr beliebt, Aussagen, die in unterschiedlichen Tempora „direkt" formuliert sind, durch Hinzufügen von im Passé stehenden „redeeinleitenden" Verben in die indirekte Form zu transformieren. Hierbei sind dann bei den Verben des Nebensatzes die bekannten Zeitverschiebungen zu berücksichtigen. (Siehe z.B. Déc Sj 4 2015, S. 82. Beispiel: „Félix: J'ai perdu mon baladeur MP3." > Félix a dit qu'il avait perdu son baladeur MP3.") Diese Übungsform wirkt sehr künstlich. Eine derartige Nähe zwischen direkter und indirekter Aussageform ist in unserem Corpus nicht anzutreffen. Die Übungsform ist aber effizient und man wird wahrscheinlich nicht auf sie verzichten können, auch dann nicht, wenn die Zeitenfolge insgesamt unabhängig von der indirekten Rede vermittelt wird. Die Zahlen aus unserem Corpus ergeben, dass die Transformation in 27 Fällen (75 %) zur Verwendung des Imparfait im Nebensatz führen würde. Die Ausgangsform in der direkten Aussage könnte dabei entweder das Présent oder das Imparfait sein. Es ist in unserem Corpus mit Blick auf Kontext und Situation häufig unklar, welches Tempus sich als hypothetische Ausgangsform anbietet. Wir gehen dieser Frage hier nicht weiter nach. Da insgesamt bei den Tempora von einer wesentlich höheren Frequenz des Présent im Vergleich zum Imparfait auszugehen ist, sollte der didaktische Schwerpunkt bei der Transformation des Présent ins Imparfait liegen, wobei diese Empfehlung nichts an der grundsätzlichen Künstlichkeit der Übungsform ändert.

3.7.3.2.11. Analysiert man die 36 übergeordneten Verben, die in einem „Passé-Tempus" stehen, nach der Person, ergibt sich, dass hier der Singularbereich ebenso deutlich wie bei den „Nicht-Passé-Verben" (s. o. 3.7.3.2.5) dominiert. Der Singularbereich umfasst insgesamt 32 Vorkommen (88,89 %).

Die frequentesten Muster sind:

- „j'ai dit que ..." (auch mit Objektpronomen und verneint) (Beispiele: „J'ai dit que c'était compliqué!" / „Je t'ai jamais dit que mon arrière-grand-mère venait des Abruzzes?")
- „tu (m') as dit que ... " (Beispiele: „Tu m'as dit que t'avais pas l'argent.")
- „je croyais que ... " / „j'ai cru que ... " (Beispiele: „Je croyais que vous étiez fâchés." / „J'ai cru qu'elle allait me crever les yeux!")
- „je pensais que ... " / „j'ai pensé que ... " (Beispiele: „Je pensais que c'était aussi dans ton intérêt." / „J'ai pensé que cette ville allait nous donner un peu d'énergie.")

Diese Muster kommen zusammen 15x vor (41,67 %). Sie sind lernenswert.

3.7.3.3. Die Ergebnisse im Detail

3.7.3.3.1. Das Gesamtvorkommen der übergeordneten Verben (ohne Berücksichtigung der Tempora)

3.7.3.3.1.1. Hier die Übersicht über alle 110 übergeordneten Verben des Hauptsatzes, unabhängig vom verwendeten Tempus. In der 2. Spalte steht jeweils die Anzahl des Vorkommens. Die Reihenfolge entspricht der Frequenz.

croire que	28	c'est vrai que	2	admettre que	1	comprendre que	1
dire que davon 4x verneint	18	profiter que	2	apprendre que	1	jurer que	1
savoir que davon 2x „savoir bien que", 1x „savoir très bien que"	10	rappeler que	2	avertir que	1	montrer que	1
penser que davon 1x verneint	9	rêver que	2	avoir l'impression que	1	oublier que	1
espérer que	5	se rendre compte que	2	avouer que	1	prouver que	1
être sûr que	5	sentir que	2	c'est clair que	1	réaliser que	1
trouver que davon 1x verneint	3	voir que	2	c'est sûr que	1	reconnaître que	1
il paraît que	3					sembler que	1

3.7.3.3.1.2. Im Folgenden werden alle Beispiele gelistet, in denen die über-geordneten Verben in verneinter Form auftreten. Hierzu zählen wir auch den einen Fall, in dem der Infinitiv „dire" nach verneintem Modalverb steht.

- dire que: Ça veut pas dire que je vais me laisser faire, c'est mal me connaître. / Au fait, je lui ai pas dit que je venais m'installer à Marseille. / J'ai pas dit que je voulais pas l'aider! / Je t'ai jamais dit que mon arrière grand-mère venait des Abruzzes?
- penser que: Je pensais jamais que ce serait aussi sérieux.
- trouver que: Vous trouvez pas que c'est un peu ... ?

3.7.3.3.2. Das Gesamtvorkommen bei übergeordneten Verben, die in einem „Nicht-Passé-Tempus" stehen

3.7.3.3.2.1. Hier die Übersicht über alle 74 übergeordneten Verben des Hauptsatzes, die in einem „Nicht-Passé-Tempus" stehen. In der 2. Spalte steht jeweils die Anzahl des Vorkommens. Die Reihenfolge entspricht der Frequenz.

croire que	22	il paraît que	3	c'est clair que	1	réaliser que	1
dire que davon 1x verneint	7	c'est vrai que	2	c'est sûr que	1	reconnaître que	1
savoir que davon 2x „savoir bien que", 1x „savoir très bien que"	7	rappeler que	2	comprendre que	1	sembler que	1
espérer que	5	admettre que	1	jurer que	1	sentir que	1
être sûr que	4	apprendre que	1	montrer que	1	voir que	1
penser que	3	avoir l'impression que	1	profiter que	1		
trouver que davon 1x verneint	3	avouer que	1	prouver que	1		

„Profiter que" wird hier mit dem Indikativ verwendet, obwohl auch ein Subjonctif möglich wäre. Es heißt im Corpus „Profite que je suis de bonne humeur.". Möglich wäre auch „Profite que je sois de bonne humeur.". Eine pragmatische bzw. semantische Begründung für diese Tempuswahl wäre Spekulation. Die Wendung ist in dieser Form im Corpus belegt, „grammatisch korrekt" müsste es eigentlich „profiter de" heißen: „Profite du fait que ...".

3.7.3.3.2.2. Von den 74 übergeordneten Verben des Hauptsatzes stehen

- 32 in der 1. Person Singular (43,24 %) (Beispiel: „Je crois que j'ai trouvé l'architecte qu'il nous faut!")
- 19 in der 2. Person Singular (25,68 %) (Beispiel: „Tu crois que pour moi c'est facile?")
- 16 in der 3. Person Singular (21,62 %) (Beispiel: „On dirait que j'ai fait ça toute ma vie.")
- 4 in der 2. Person Plural (5,41 %) (Beispiel: „Mais, vous savez bien qu'on est de votre côté!")
- 2 im Imperativ Singular (2,7 %) (Beispiel: „Le père qui rachète son outil de travail à son propre fils, avoue que c'est pas banal, non.")
- 1 im Imperativ 2. Person Plural (1,35 %) („Ma fille venait de faire une fugue et admettez que j'avais des circonstances atténuantes.")

Die 1. und die 3. Person Plural kommen im Corpus nicht vor.

Es gibt fünf Fälle, in denen das übergeordnete Verb des Hauptsatzes im Infinitiv steht. Da hier das Tempus und die Person der konjugierten Verben die Einordnung der Infinitive bestimmt, sind diese Infinitive mit Person und Tempus der konjugierten Verben in 3.7.3.3.2.1 und 3.7.3.3.2.2 enthalten. Es handelt sich um die folgenden Vorkommen:

- 4x „dire": „Ça veut pas dire que je vais me laisser faire, c'est mal me connaître." / „Mais, on a qu'à lui dire la vérité, que tu m'héberges en échange d'un peu de ménage." / „Jolie, 17 ans, adorable, il faut dire que c'est ma fille." / „Comme ça, tu pourras leur dire, aux impôts, que tu mets ton père à poil."

- 1x „comprendre": „Roland, tu peux comprendre que mon petit-fils qui n'a ni père ni mère auprès de lui passe avant tout pour moi."

3.7.3.3.2.3. Nun zu den Kombinationen der Tempora im Haupt- und Nebensatz. Bei einer Anzahl von 74 Vorkommen treten die folgenden Kombinationen im Corpus auf (siehe die Tabelle auf der folgenden Seite):

Hauptsatz	Nebensatz	Anzahl	Prozent	Beispiele
Présent	Présent	44	59,46 (!)	Je **pense** qu'on **a** des choses à se dire.
Présent	Futur composé	8	10,81	J'**espère** que je **vais trouver** un poste.
Présent	Futur simple	3	4,05	Dix minutes, cinq minutes, une minute même et je vous **jure** que vous n'**aurez** jamais à le regretter.
Présent	Passé composé	7	9,46	J'**espère** qu'elle **a** pas **fait** de bêtise.
Présent	Imparfait	3	4,05	Tu **sais** très bien que c'**était** pour le concours de patinage de Johanna.
Présent	Conditionnel présent	1	1,35	Tu **crois** que je te **laisserais** partir loin de moi si je ne le savais pas?
Présent	Conditionnel passé	1	1,35	Sinon tu **crois** que j'**aurais laissé** faire?!
Futur composé	Passé composé	1	1,35	Rudy, tu **vas pouvoir** me montrer que t'**as** pas **perdu** la main.
Futur simple	Présent	1	1,35	Comme ça, tu **pourras** leur dire, aux impôts, que tu **mets** ton père à poil.
Futur antérieur	Présent	1	1,35	Eh bien, j'**espère** qu'elle le sera autant quand je lui **aurai dit** qu'on s'**installe** ici.
Imperativ	Imparfait	1	1,35	Ma fille venait de faire une fugue et **admettez** que j'**avais** des circonstances atténuantes.
Imperativ	Présent	2	2,7	Le père qui rachète son outil de travail à son propre fils, **avoue** que c'**est** pas banal, non.
Conditionnel présent	Passé composé	1	1,35	Hé, dis, tu te rends compte, on **dirait** que j'**ai fait** ça toute ma vie.
		74	99,98	

Aus der Tabelle ergibt sich die folgende Frequenz der Tempora im Haupt-
und Nebensatz:

- Hauptsatz: 67x Présent (90,54 %); 3x Imperativ (4,05 %); 1x Futur
  composé (1,35 %); 1x Futur simple (1,35 %); 1x Futur antérieur
  (1,35 %), 1x Conditionnel présent (1,35 %).

- Nebensatz: 48x Présent (64,86 %); 9x Passé composé (12,16 %);
  8x Futur composé (10,81 %); 4x Imparfait (5,41 %); 3x Futur
  simple (4,05 %); 1x Conditionnel présent (1,35 %); 1x Conditionnel passé (1,35 %).

3.7.3.3.3. Das Gesamtvorkommen bei übergeordneten Verben, die in einem „Passé-Tempus" stehen

3.7.3.3.3.1. Hier die Übersicht über alle 36 übergeordneten Verben des
Hauptsatzes, die in einem „Passé-Tempus" stehen. In der 2. Spalte steht
jeweils die Anzahl des Vorkommens. Die Reihenfolge entspricht der Frequenz.

dire que davon 3x verneint	12	savoir que	3	être sûr que	1	sentir que	1
croire que	6	rêver que	2	oublier que	1	voir que	1
penser que davon 1x verneint	6	avertir que	1	profiter que	1	se rendre compte	1

3.7.3.3.3.2. Nun zu den Kombinationen der Tempora im Haupt- und Nebensatz. Bei einer Anzahl von 36 Vorkommen treten die folgenden Kombinationen im Corpus auf (siehe die Tabelle auf der folgenden Seite):

Hauptsatz	Nebensatz	Anzahl	Prozent	Beispiele
Passé composé	Imparfait	15	41,67	J'ai pas **dit** que je **voulais** pas l'aider!
Passé composé	Conditionnel présent	3	8,33	J'ai **pensé** que le pressing, ça **ferait** un peu juste.
Passé composé	Plus-que-parfait	1	2,78	Il **a cru** qu'on **avait dépouillé** sa fille, violé même.
Subjonctif passé	Imparfait	1	2,78	Le seul qui **ait cru** qu'il **était** innocent, c'est Roland.
Imparfait	Imparfait	10	27,78	Je **croyais** qu'il **existait** une loi aujourd'hui contre les loueurs de taudis.
Imparfait	Présent	2	5,56	Et alors, tu **allais** oublier que j'ai un petit-fils.
Imparfait	Conditionnel présent	1	2,78	Je **pensais** jamais que ce **serait** aussi sérieux.
Plus-que-parfait	Conditionnel présent	1	2,78	Tu m'**avais dit** que je **pourrais** prendre une douche!
Passé récent	Imparfait	1	2,78	Ils **viennent de** se rendre compte il y a deux mois qu'ils **étaient** amoureux.
Participe présent	Conditionnel présent	1	2,78	Mon père le tenait de son père et il l'a donné à mon fils **pensant** qu'il en **ferait** bon usage, mais il a décidé de vendre.
		36	100,02	

Das im Rahmen einer Ansprache auftretende Participe présent „pensant" übernimmt die temporale Einordnung des „Hauptverbs", hier der beiden Passé-Formen „tenait" und „a donné". Deshalb wird „pensant" bei den „Passé-Tempora" gezählt. Das Participe présent „pensant" ist natürlich kein „übergeordnetes Verb des Hauptsatzes", aber es wird zur Vereinfachung als solches gelistet.

Aus der Tabelle ergibt sich die folgende Frequenz der Tempora im Haupt- und Nebensatz:

- Hauptsatz: 19x Passé composé (52,78 %); 13x Imparfait (36,11 %); 1x Subjonctif passé (2,78 %); 1x Plus-que-parfait (2,78 %); 1x Passé récent (2,78 %) 1x Participe présent (2,78 %)
- Nebensatz: 27x Imparfait (75 %); 6x Conditionnel présent (16,67 %); 2x Présent (5,56 %); 1x Plus-que-parfait (2,78 %)

Es gibt nur zwei Fälle, in denen die traditionell dargestellte Zeitverschiebung nicht greift. In beiden Fällen findet man formal eine Vergangenheitsform im Hauptsatz und ein Présent im Nebensatz („Et alors, tu allais oublier que j'ai un petit-fils." / „D'abord je voulais dire que je regrette de t'avoir mise devant le fait accompli pour cet appart'."). Beide Beispiele klingen völlig normal. In der Tat weisen ja auch Schulgrammatiken auf diese Tempuskombination hin (siehe z.B. OG Fr 2009, S. 184: „Abweichend von den allgemein gültigen Regeln gibt es Fälle, in denen keine Zeitverschiebung stattzufinden braucht ..."). In beiden Fällen ist aber auch festzustellen, dass die übergeordneten Verben „dire" und „oublier" im Infinitiv stehen und dass es sich bei den Personalformen „je voulais" und „tu allais" semantisch um keine echten Passé-Formen handelt. Das „je voulais" entspricht als „Imparfait der Bescheidenheit" (siehe Weinrich 1977, S. 202) einem „je voudrais", so dass die Äußerung auch lauten könnte: „D'abord je voudrais dire que je regrette de t'avoir mise devant le fait accompli pour cet appart'." Das „tu allais" ist einem Imperativ gleichzusetzen: „N'oublie pas que j'ai un petit-fils." Die beiden Fälle könnten also auch den Verben des Hauptsatzes zugeordnet werden, die in einem „Nicht-Passé-Tempus" stehen (s.o. 3.7.3.3.2).

Exkurs zu „espérer que": Schließlich gibt es noch einen interessanten Fall im Zusammenhang mit dem Verb „espérer". Hier der Kontext des Vorkommens: Ninon ist nach einem Streit von zu Hause ausgerissen. Ihr Vater macht sich Sorgen. Eine Nachbarin beruhigt ihn: „Ecoutez, elle est peut-être tout bêtement sur une plage en train de regarder votre dispute, demain elle aura tout oublié. Les ados, ils sont pas vraiment rancuniers. Moi aussi, eh, je me tirais tout le temps de chez mes parents, je faisais ça en espérant qu'ils s'inquiètent pour moi. Mais non, ils s'en foutaient complètement." Hier scheint ein „Verstoß" gegen die Zeitenfolge vorzuliegen. „En espérant" übernimmt ja das Tempus des Hauptverbs „faire", also das Passé-Tempus Imparfait. Im untergeordneten Nebensatz überrascht dann das Présent „s'inquiètent". Zunächst wird man davon ausgehen, dass es sich bei diesem Présent um einen Indikativ handelt, zumal alle anderen Vorkommen eines übergeordneten „espérer que" in unserem Corpus ganz eindeutig zu einem Indikativ beim untergeordneten Verb führen. Aber in unserem Beispiel würde man dann eher Imparfait oder Conditionnel présent bei „s'inquiéter" erwarten. Ersetzt man das Gérondif durch das konjugierte Verb „j'espérais" und „s'inquiéter" durch den synonymen Ausdruck „se faire du souci", so würde eine in muttersprachlichen Ohren natürlich klingende Formulierung lauten: „... j'espérais qu'ils se faisaient du souci ..." oder „... se feraient du souci". Aber „j'espérais qu'ils se font du soucis", also Indikativ Präsens, klingt im Kontext „seltsam". Warum klingt dann „en espérant qu'ils s'inquiètent" nicht „seltsam"? Eine Erklärung könnte darin zu finden sein, dass „s'inquiètent" sowohl Indikativ als auch Subjonctif sein kann. Natürlich weiß man nicht, was im Kopf des Drehbuchschreibers vorging, als er den Satz schrieb, aber sowohl für den Sender (Sprecher / Schreiber) als auch für den Empfänger (Hörer) ist „en espérant qu'ils s'inquiètent" ganz unauffällig, wenn „s'inquiètent" als Subjonctif interpretiert wird. Auf diesem Hintergrund ist die übliche apodiktische Formulierung in manchen Schulgrammatiken, dass nach „espérer" immer der Indikativ steht, sehr zu hinterfragen, zumal es viele Fälle gibt, in denen ein Subjonctif nach „espérer" zu finden ist, vor allem, wenn „espérer" nicht im Présent vorkommt. In OG Fr 2009 wird auf S. 89 beim Beispiel „J'espère qu'il fera beau demain." die Regel gegeben: „Nach espérer que steht der Indikativ (meistens das Futur simple)." Sicherlich wird man von einer Schulgrammatik nicht die Ausführlichkeit eines Grevisse 1980 (n° 2575) bei der Behandlung von „espérer que" erwarten. Trotzdem ist zu fragen, ob es sich auf dem Niveau einer Oberstufengrammatik nicht um eine unzulässige Vereinfachung handelt, wenn nur der Indikativ erwähnt wird. Als Fazit unserer Überlegungen zählen wir das angeführte Vorkommen nicht als indikativische Zeitenfolge. Da es aber trotzdem nicht ausgeschlossen ist, „s'inquiètent" als Indikativ zu interpretieren, lassen wir den Fall auch bei der Untersuchung zur Frequenz des Subjonctif (siehe Kapitel 3.6) unberücksichtigt.

Letztlich sind die Überlegung aber in unserem didaktischen Zusammenhang müßig, da die geringe Frequenz dieser Vorkommen keinen Anlass gibt, das Phänomen im Unterricht der Sekundarstufe I mit Blick auf die normale gesprochene Umgangssprache zu thematisieren. Die kommunikative Rentabilität ist zu gering.

3.7.3.3.3.3. Von den 36 übergeordneten Verben des Hauptsatzes stehen

- 20 in der 1. Person Singular (55,56 %) (Beispiel: „J'ai dit que c'était compliqué!"). Davon steht 1x das Verb im Infinitiv („D'abord je voulais dire que je regrette de t'avoir mise devant le fait accompli pour cet appart'.").
- 6 in der 2. Person Singular (16,67 %) (Beispiel: „Pourquoi t'as dit à ton père que tu voulais vendre le Mistral?"). Davon steht 1x das Verb im Infinitiv („Et alors, tu allais oublier que j'ai un petit-fils.").
- 6 in der 3. Person Singular (16,67 %) (Beispiel: „Il a cru qu'on avait dépouillé sa fille, violé même.")
- 3 in der 3. Person Plural (8,33 %) (Beispiel: „Tu parles, ils ont tous pris le large quand ils ont su qu'on rentrait de vacances, oui!").

Davon steht 1x das Verb im Infinitiv („Ils viennent de se rendre compte il y a deux mois qu'ils étaient amoureux.").

- 1 im Participe présent (2,78 %) („Mon père le tenait de son père et il l'a donné à mon fils pensant qu'il en ferait bon usage, mais il a décidé de vendre.")

Die 1. und die 2. Person Plural kommen im Corpus nicht vor.

3.7.4. Die Zeitenfolge in mit der Konjunktion „si" eingeleiteten abhängigen Nebensätzen

3.7.4.1. Die Überraschung in diesem Teil der Untersuchung war groß. Während die Konjunktion „que" in 110 Fällen (s.o.) abhängige Nebensätze einleitet, ist dies bei der Konjunktion „si" nur 6x der Fall. Das „si / s' (elidiert)" als einleitende Konjunktion abhängiger Nebensätze wird natürlich unterschieden von „si" als Bestätigung einer verneinten Frage (= „doch"), von „si" als Verstärkungsadverb (= „so"), von „s' (elidiert)" als Reflexivpronomen und von „si" als konditionale Konjunktion (= „wenn / falls"). In Kapitel 3.5 wurde schon festgestellt, dass „si" als konditionale Konjunktion immerhin 102x vorkommt. „Si" (= „ob") weist also eine wesentlich geringere Frequenz auf, wobei „s' (elidiert)" gar nicht auftritt.

3.7.4.2. Fazit

Das didaktische Fazit und die Einzelergebnisse werden auf Grund der geringen Frequenz zusammengefasst.

3.7.4.2.1. Wenn man den Zahlen des Corpus glauben kann, wäre dem Einführen und Üben der mit der Konjunktion „si" (= „ob") eingeleiteten Nebensätze kaum Bedeutung beizumessen. Natürlich kann die Struktur in bestimmten Situationen wichtig sein, z.B. in einem Interview bzw. in einem Bericht darüber. Trotzdem gilt, dass, auf die Breite der normalen Alltagsgespräche bezogen, die kommunikative Rentabilität gering ist.

3.7.4.2.2. Bei den übergeordneten Verben des Hauptsatzes kommt „savoir si" 5x und „voir si" 1x vor.

3.7.4.2.3. Das übergeordnete Verb steht 5x in einem „Nicht-Passé-Tempus", davon 3x im Infinitiv. Hier alle Vorkommen: „On sait jamais si elle revient par ici." / „On sait jamais si elle repasse par là." / „Elle a besoin de savoir si

elle compte vraiment pour vous." / „Au fait, heu, je veux savoir si tu pourrais me prêter des CD." / „Vous seriez obligés de me prendre le pouls pour
voir si je vis encore."
Die Vorkommen sind zu gering, als dass eindeutige didaktische Schlüsse
gezogen werden könnten. Immerhin fällt das zweimalige Vorkommen der
Wendung „On sait jamais si ..." auf.

3.7.4.2.4. Das übergeordnete Verb steht nur 1x in einem „Passé-Tempus":
„Je voulais savoir si tu dînais avec moi." Das Vorkommen mit Imparfait
sowohl im Haupt- als auch im Nebensatz entspricht der normalen Zeitverschiebung. Auf Grund der sehr geringen Frequenz können die Zeitverschiebungen in den mit „si" (= „ob") eingeleiteten Nebensätzen didaktisch gesehen und auf die normale gesprochene Umgangssprache bezogen bei der
Einführung und beim Üben weitgehend vernachlässigt werden.

3.7.4.2.5. „vouloir savoir si" kommt also 2x vor, und zwar als
* Je veux savoir si ...
* Je voulais savoir si ... .
In der Tat taucht „vouloir savoir si" stets als Signal für eine indirekte Ent-
scheidungsfrage in den Schulgrammatiken auf (z.B. GBH Déc Sj 2 2013,
S. 39; OG Fr 2009, S. 181). Das dort immer an erster Stelle stehende Verb
„demander si ..." als Prototyp der Einleitung einer indirekten Entschei-
dungsfrage ist allerdings in unserem Corpus nicht belegt.

**3.7.5.   Die Zeitenfolge in mit Fragewörtern bzw. „ce qui" / „ce que"
eingeleiteten abhängigen Nebensätzen**

3.7.5.1. Wir schließen solche Fälle aus, in denen zwischen Haupt- und Nebensatz keine klar wertende oder berichtende Beziehung besteht. Deshalb
bleiben die folgenden Fälle unberücksichtigt: „Ho, ça faisait combien de
temps que t'avais pas parlé d'eux?!" / „Bah tu vois, s'il est inquiet tant
mieux! Il a que ce qu'il mérite!" / „Bon, j'y vais, parce que sinon ça ne sert
à rien ce qu'on a fait.". Auch Nebensätze mit „quand" werden nicht gezählt,
soweit es sich nicht um ein indirektes Fragewort handelt. Ausgeschlossen
sind also die Vorkommen „Ça peut arriver quand on a eu une émotion
forte." / „Tu me paieras quand ce sera top-top." / „Et ma mère, elle était
bien quand il découchait sans arrêt et sans prévenir, là?" / „J'aime pas
quand tu pleures.". Hier ist „quand" immer mit „wenn" zu übersetzen. Ab-

hängige Nebensätze mit „quand" = „wann" kommen aber im Corpus gar nicht vor. Ein Beispiel wäre: „Dis-moi quand il arrivera."

3.7.5.2. Das didaktische Fazit

3.7.5.2.1. Das Hauptergebnis besteht in der Feststellung, dass es zwar 31 Fälle gibt, in denen das Verb des Hauptsatzes in einem „Nicht-Passé-Tempus" steht, aber nur drei Fälle mit einem „Passé-Tempus" beim übergeordneten Verb. Wie schon bei „si" (= „ob") kann gefolgert werden: Auf Grund der geringen Frequenz können Zeitverschiebungen in den mit Fragewörtern bzw. „ce qui" / „ce que" eingeleiteten Nebensätzen didaktisch gesehen und auf die normale gesprochene Umgangssprache bezogen beim Üben weitgehend vernachlässigt werden.

3.7.5.2.2. Sieht man vom verwendeten Tempus ab, ist in den 34 Fällen „savoir" das frequenteste Verb (16x = 47,06 %), gefolgt von „regarder" (4x = 11,76 %), „dire" (4x = 11,76 %) und „voir" (3x = 8,82 %). Als unterordnende Elemente finden sich vor allem „ce que" (19x = 55,88 %), „comment" (6x = 17,65 %), „où" (4x = 11,76 %), „ce qui" (3x = 8,82 %). Als besonders übenswert kann die Kombination „savoir ce que" gelten. Sie kommt 8x vor, das sind immerhin 23,53 % aller Vorkommen.

3.7.5.2.3. Bei der Zeitenfolge liegt die Kombination Hauptsatz: Présent, Nebensatz: Présent an der Spitze (16x = 47,06 %). Es fällt aber auf, dass der Imperativ Singular die zweithäufigste Form im Hauptsatz ist (6x = 17,65 %). Hier überschneidet sich die Zählung mit der verwendeten Person. Zumeist steht das übergeordnete Verb in der 1. Person Singular (11x = 32,35 %).

3.7.5.2.4. Es finden sich in den Beispielen die folgenden Auffälligkeiten, die beim Üben von Bedeutung sind:
- bei „savoir" die Verneinungen „je ne sais pas ce que ..." und „je ne sais pas comment ..." sowie die Fragen in der Höflichkeitsform „vous savez ce que ...?" und „vous savez où ...?"
- bei „regarder" die Tatsache, dass es als Verb des Hauptsatzes ausschließlich im Imperativ vorkommt „Regarde comment ..." und vor allem mit „ce que": „Regarde ce que ..."

- bei „dire" gleichfalls die Häufigkeit des Imperativs in Kombination mit „moi": „Dis-moi ce qui ..." / „Dis-moi où ..." / „Dis-moi combien ..."
- bei „voir" wiederum die Verneinungen „je vois pas comment ..." / „je vois pas où ....".

3.7.5.3. Die Ergebnisse im Detail

3.7.5.3.1. Hier die Übersicht über alle 31 übergeordneten Verben des Hauptsatz, die in einem „Nicht-Passé-Tempus" stehen:

– 16x „savoir" (51,61 %)
Kombinationen: 8x „ce que"; 3x „comment"; 2x „ce qui"; 2x „où"; 1x „pourquoi"
Verneinung: 6x; davon 5x mit „pas", 1x mit „plus"
Tempora und Zeitenfolgen:
Hauptsatz: 16x Présent; davon 3x im Infinitiv („J'essaie de savoir ce que t'en penses." / „Oui, à son âge, elle a le droit de savoir ce qui l'attend dans la vie, eh." / „Tu veux savoir pourquoi je suis revenu?")
Nebensatz: 12x Présent; 3x Passé composé; 1x Infinitiv („Je sais pas comment te remercier.")
Zeitenfolge: 12x Présent – Présent; 3x Présent – Passé composé; 1x Présent – Infinitiv
Person des übergeordneten Verbs: 9x 1. Person Singular; 3x 2. Person Singular; 1x 3. Person Singular; 3x 2. Person Plural als Höflichkeitsform.

Es fällt auf, dass von den 9x 1. Person Singular 6 Vorkommen verneint sind: 2x „je sais pas ce que ...", 3x „je sais pas comment ...", 1x „Je sais plus où j'en suis."

Es fällt weiterhin auf, dass es sich bei allen 3 Vorkommen der 2. Person Plural (Höflichkeitsform) um Fragen handelt: 2x ist es die Wendung: „Vous savez ce que je crois?", 1x „Vous savez où j'ai trouvé ça?"

– 4x „regarder" (12,9 %)
Kombinationen: 3x „ce que"; 1x „comment"
Tempora und Zeitenfolgen:
Hauptsatz: 3x Imperativ Singular; 1x Imperativ 2. Person Plural
Nebensatz: 2x Présent; 2x Passé composé

Zeitenfolge: 2x Imperativ Singular – Présent; 1x Imperativ Singular – Passé composé; 1x Imperativ 2. Person Plural – Passé composé

Person des übergeordneten Verbs: 3x Imperativ Singular; 1x Imperativ 2. Person Plural.

Es fällt auf, dass „regarder" als übergeordnetes Verb ausschließlich im Imperativ vorkommt: „Regarde comment elle accroche aux lumières!" / „Regarde ce que j'ai trouvé!" / „Tiens, regarde ce que j'en fais de ton avis d'expulsion!" / „Regardez au moins ce qu'on vous a apporté."

– 4x „dire" (12,9 %)

Kombinationen: 1x „ce que";1x „ce qui"; 1x „où"; 1x „combien"

Tempora und Zeitenfolgen:

Hauptsatz: 3x Imperativ Singular; 1x Présent mit Infinitiv („Tu peux dire ce que tu voudras.")

Nebensatz: 3x Présent; 1x Futur simple

Zeitenfolge: 3x Imperativ Singular – Présent; 1x Présent – Futur simple

Person des übergeordneten Verbs: 3x Imperativ Singular; 1x 2. Person Singular.

Es fällt auf, dass „dire" als übergeordnetes Verb 3x im Imperativ Singular in Kombination mit „moi" vorkommt: „Dis-moi ce qui va pas." / „Dis-moi où elle est." / „Dis-moi combien je te dois."

– 3x „voir" (9,68 %)

Kombinationen: 1x „ce que"; 1x „comment"; 1x „où"

Verneinung: 2x mit „pas"

Tempora und Zeitenfolgen:

Hauptsatz: 2x Présent; 1x Futur composé

Nebensatz: 2x Présent; 1x Conditionnel présent

Zeitenfolge: 1x Présent – Présent; 1x Présent – Conditionnel présent; 1x Futur composé – Présent

Person des übergeordneten Verbs: 1x 1. Person Singular; 2x 3. Person Singular

Es fällt auf, dass beide Présent-Formen verneint sind: „Je vois pas comment on pourrait rentrer à Paris, hein." / „Je vois pas où il est le problème, hein!"

– 1x „comprendre" (3,23 %)
Kombination: „ce que"; verneint; Présent – Présent; 2. Person Plural
(Höflichkeitsform): „Vous comprenez pas ce que je vous dis, hein."

– 1x „demander" (3,23 %)
Kombination: „comment"; verneint; Infinitiv (Ellipse) – Passé composé;
„Pas besoin de vous demander comment ça s'est passé à la banque."

– 1x „intéresser" (3,23 %)
Kombination: „ce que"; verneint; Présent – Présent; 3. Person Singular:
„Bah, ça t'intéresse pas ce que je dis?"

– 1x „mériter" (3,23 %)
Kombination: „ce que"; Présent – Présent; 2. Person Singular: „Et toi, tu
mérites ce qu'il y a de plus beau."

Bei einer Gesamtschau über die einzelnen Verben hinweg, ergibt sich folgendes Ergebnis:

- Kombination: 16x „ce que" (51,61 %; Beispiel: „Regarde ce que
  j'ai trouvé!"); 6x „comment" (19,35 %; Beispiel: „Ou là là, je sais
  pas comment tu fais."); 4x „où" (12,9 %; Beispiel: „Je vois pas où
  il est le problème, hein!"); 3x „ce qui" (9,68 %; Beispiel: „Dis-moi
  ce qui va pas."); 1x „pourquoi" (3,23 %; „Tu veux savoir pourquoi
  je suis revenu?"); 1x „combien" (3,23 %; „Dis-moi combien je te
  dois.")
- Verneinung: Immerhin 11 der 31 übergeordneten Verben sind verneint (35,48 %), 10x „pas", 1x „plus". Die Mehrzahl dieser Verben
  ist aber bejaht: 20x (64,52 %).

3.7.5.3.2. Nun zu den Kombinationen der Tempora im Haupt- und Nebensatz. Bei einer Anzahl von 31 Vorkommen treten die folgenden Kombinationen im Corpus auf:

Hauptsatz	Nebensatz	Anzahl	Prozent	Beispiele
Présent	Présent	16	51,61 (!)	Vous **comprenez** pas ce que je vous **dis**, hein.
Présent	Passé composé	3	9,68	Roland, vous **savez** où j'ai **trouvé** ça?
Présent	Futur simple	1	3,23	Tu **peux dire** ce que tu **voudras**.
Présent	Conditionnel présent	1	3,23	Après le week-end qu'on vient de passer, je **vois** pas comment on **pourrait** rentrer à Paris, hein.
Présent	Infinitiv	1	3,23	Je **sais** pas comment te **remercier**.
Infinitiv (Ellipse)	Passé composé	1	3,23	**Pas besoin de** vous demander comment ça s'**est passé** à la banque.
Imperativ Singular	Présent	5	16,13 (!)	Alors **dis**-moi où elle **est**.
Imperativ Singular	Passé composé	1	3,23	**Regarde** ce que j'**ai trouvé**!
Imperativ 2. Person Plural	Passé composé	1	3,23	**Regardez** au moins ce qu'on vous **a apporté**.
Futur composé	Présent	1	3,23	Il **va voir** ce qu'il **peut** faire.
		31	100,03	

Aus der Tabelle ergibt sich die folgende Frequenz der Tempora im Haupt-
und Nebensatz:

- Hauptsatz: 22x Présent (70,97 %); 7x Imperativ (22,58 %); 1x Futur composé (3,23 %); 1x Infinitiv (Ellipse) (3,23 %)
- Nebensatz: 22x Présent (70,97 %); 6x Passé composé (19,35 %); 1x Futur simple (3,23 %); 1x Conditionnel présent (3,23 %); 1x Infinitiv (3,23 %).

3.7.5.3.3. Hinsichtlich der verwendeten Personen lautet das Resultat: Von
den 31 übergeordneten Verben des Hauptsatzes stehen

- 10 in der 1. Person Singular (32,26 %) (Beispiel: „Je sais plus où j'en suis, hein.")
- 4 in der 2. Person Singular (12,90 %) (Beispiel: „Tu sais ce que je suis pour toi? Un objet sexuel!")

- 5 in der 3. Person Singular (16,13 %) (Beispiel: „Il va voir ce qu'il peut faire.")
- 4 in der 2. Person Plural (Höflichkeitsform) (12,90 %) (Beispiel: „Vous comprenez pas ce que je vous dis, hein.")
- 6 im Imperativ Singular (19,35 %) (Beispiel: „Dis-moi combien je te dois.")
- 1 im Imperativ 2. Person Plural (Höflichkeitsform) (3,23 %) („Regardez au moins ce qu'on vous a apporté.")
- 1 als Ellipse (3,23 %) („Pas besoin de vous demander comment ça s'est passé à la banque.")

Die 1. und die 3. Person Plural kommen im Corpus nicht vor.

Es gibt vier Fälle, in denen das übergeordnete Verb des Hauptsatzes im Infinitiv steht. Da hier das Tempus der konjugierten Verben die zeitliche Einordnung des Infinitivs bestimmt, sind diese Tempora in der obigen Aufzählung enthalten. Es handelt sich um die folgenden Vorkommen:

- 1x „dire": „Tu peux dire ce que tu voudras."
- 3x „savoir": „Tu veux savoir pourquoi je suis revenu?" / „J'essaie de savoir ce que t'en penses." / „Oui, à son âge, elle a le droit de savoir ce qui l'attend dans la vie, eh."

(Der elliptische übergeordnete Satz ist hier nicht mitgezählt: „Pas besoin de vous demander comment ça s'est passé à la banque.")

3.7.5.3.4. Nun zu den Fällen, in denen die übergeordneten Verben des Hauptsatz in einem „Passé-Tempus" stehen. Hiervon gibt es nur drei:

„Toute ma vie à explosé à cause de toi, tu t'es jamais demandé ce que ça me faisait de me séparer de Maman?" / „Mais, chef de famille, pour moi, c'est pas seulement des mots, j'ai toujours voulu ce qu'il y a de mieux et ce qu'il y a de meilleur pour ma femme et mes enfants." / „Mon père a déménagé nos affaires sans m'en parler. Il a nié tout ce que j'étais."

Die Verben sind also

- 1x „demander": Kombination: „ce que"; Verneinung mit „jamais"; Zeitenfolge: Passé composé – Imparfait; Person: 2. Person Singular
- 1x „nier": Kombination: „ce que"; Zeitenfolge: Passé composé – Imparfait; Person: 3. Person Singular
- 1x „vouloir": Kombination: „ce que"; Zeitenfolge: Passé composé – Présent; Person: 1. Person Singular

Bei einer Gesamtschau über die einzelnen Verben hinweg, ergibt sich folgendes Ergebnis:

- Kombination: 3x „ce que" (100 %)
- Verneinung: 1x verneint mit „jamais" (33,33 %)
- Person: 1x 1. Person Singular (33,33 %); 1x 2. Person Singular (33,33 %); 1x 3. Person Singular (33,33 %)
- Zeitenfolge: 2x Passé composé – Imparfait (66,66 %); 1x Passé composé – Présent (33,33 %)

3.8.   Das Imparfait

3.8.1. Das Imparfait ist uns schon im Kapitel 3.5 „Die Kombination von Tempora und Modi im Bedingungssatz" sowie im Kapitel 3.7 „Die Zeitenfolge" begegnet. Das Vorkommen im Bedingungssatz bezeichnen wir als „Imparfait de condition" (Beispiel: „... si je travaillais pas, j'aurais plus qu'à rentrer chez moi)" und das Vorkommen im Rahmen der Zeitenfolge als „Imparfait de concordance" (Beispiel: „J'ai rêvé que je gagnais une compète grâce à ma nouvelle tenue."; zum Begriff „Imparfait de concordance" siehe oben Kapitel 3.7.3.2.8). Daneben nimmt das Imparfait in Lehrwerken und im Unterricht einen recht breiten Raum ein, wenn es um Fragen des Aspekts geht, also um die Frage, wie sich die durch Verben ausgedrückten Handlungen oder Zustände auf spezifische Weise in der Vergangenheit situieren. Diese Verwendung des Imparfait bezeichnen wir als „Imparfait d'aspect" (Beispiel: „Et ma mère, elle était bien quand il découchait sans arrêt et sans prévenir?").

Hinweise zur Abgrenzung der drei Arten des Imparfait finden sich weiter unten. Das Imparfait du subjonctif spielt in der normalen gesprochenen Umgangssprache keine Rolle und bleibt deshalb in dieser Untersuchung unberücksichtigt. Den Begriff „Aspekt" verwenden wir als „terminus technicus", ohne ihn jedoch mit allen Funktionen zu belasten, die mit ihm in Verbindung gebracht werden können (begrenzt, unbegrenzt, abgeschlossen, nicht abgeschlossen, vollendet, unvollendet etc.). Der Begriff macht in unserer Analyse nicht an der Satz- oder Sprechergrenze halt und ist darüber hinaus sowohl für die geschriebene als auch für die gesprochene Sprache einsetzbar. Er hat außerdem den Vorteil, weniger durch Vergleiche belastet zu sein, die ihre bildhafte Bedeutung aus der Gemeinsprache beziehen, wie es zum Beispiel beim Begriff des „Reliefs" in Weinrichs Tempustheorie (Weinrich 1977) der Fall ist.

Wir analysieren die unterschiedlichen Vorkommen des Imparfait wieder vor allem quantitativ, um daraus Rückschlüsse auf die kommunikative Rentabilität von Übungsschwerpunkten zu ziehen. Diese empirische Herangehensweise stößt jedoch beim Imparfait d'aspect an Grenzen, über die im Folgenden ebenfalls einige Überlegungen angestellt werden.

3.8.2.   Das didaktische Fazit

3.8.2.1. Das Imparfait kommt in unserem Corpus von PBLV 145x vor. Zunächst zur Morphologie: Hinsichtlich der Personen zeigt sich erneut, dass auf Grund des dialogischen Schwerpunkts in der normalen gesprochenen Umgangssprache die Singularformen weit überwiegen (137x = 94,48 %). Interessanterweise werden die Singularformen aber beim Imparfait durch die 3. Person angeführt (64x), gefolgt von der 1. Person (57x) und etwas abgeschlagen der 2. Person (16x). Die Bedeutung der 3. Person liegt darin, dass „on" = „nous" 13x und die für das Imparfait d'aspect typische Wendung „c'était ..." ebenfalls 13x vorkommt.

3.8.2.2. Der Singular sollte also vorrangig geübt werden. Neben den regelmäßigen Verben auf „-er", „-dre" und „-ir" finden sich die folgenden unregelmäßigen Verben mit einem Vorkommen von jeweils mehr als 10x: „être" (41x), „vouloir" (14x), „avoir" (13x), „aller" (10x). Das sind zusammen bereits 53,79 %. Bei Übungen zur Bildung des Imparfait haben also die Singularformen dieser vier Verben eine hohe kommunikative Rentabilität.

3.8.2.3. Nun zu den Funktionen: Das Verhältnis zwischen den Funktionen des Imparfait stellt sich folgendermaßen dar: Imparfait de condition = 19x (13,10 %), Imparfait de concordance = 29x (20 %), Imparfait d'aspect = 89x (61,38 %).

Dass in den progressionsorientierten grammatischen Beiheften zu den Lehrwerken jede Funktion an unterschiedlichen Stellen für sich behandelt wird, ist gut zu verstehen. Dass allerdings in systematischen Schulgrammatiken unter der Überschrift „Der Gebrauch des Imparfait" nur das Imparfait d'aspect behandelt wird und jeglicher Verweis auf Bedingungssatz und Zeitenfolge fehlt, erscheint als Manko (siehe OG Fr 2009, S. 78). Das Imparfait de condition und das Imparfait de concordance werden in diesem Kapitel nicht weiter untersucht. Wir verweisen auf die Kapitel 3.5 und 3.7.

Einige Hinweise zu Abgrenzungsproblemen:

Zum Imparfait de condition: Das Imparfait de condition wurde schon im Kapitel 3.5 behandelt. Dort wurde das Imparfait 10x im Nebensatz und 2x im Hauptsatz gezählt. Allerdings blieben dabei unvollständige Sätze (Ellipsen, Vorschläge) sowie mit „comme si" eingeleitete Nebensätze unberücksichtigt. Im vorliegenden Kapitel steht das Imparfait im Fokus, sodass alle Vorkommen gezählt werden. Dies erklärt den Unterschied der Zahlen.

Zum Imparfait de concordance: Beim Imparfait de concordance (Kapitel 3.7: Zeitenfolge) geht es um die Fälle, in denen das Verb des übergeordneten Hauptsatzes in einem „Passé-Tempus" und das abhängige Verb des Nebensatz in einem Imparfait stehen. Kommen also Imparfait-Formen im Hauptsatz einer Zeitenfolge vor, so werden diese Fälle nicht zum Imparfait de concordance, sondern zum Imparfait d'aspect gezählt (Beispiel: das „voulais" in „Je voulais savoir si tu dînais avec moi."). Dies gilt auch, wenn das Imparfait im untergeordneten Satz einer Zeitenfolge nach einem Verb des Hauptsatzes verwendet wird, das in einer „Nicht-Passé-Form" steht (Beispiel: „...admettez que j'avais des circonstances atténuantes."). Zum Imparfait d'aspect zählen wir gleichfalls das Imparfait des abhängigen Nebensatzes nach einem Verb des Hauptsatzes im Passé, wenn dieses Imparfait auch im unabhängigen Satz stehen würde. (Beispiel: „Ces salauds ont profité que j'étais en vacances." = „J'étais en vacances. Ces salauds en ont profité." Wir gehen bei diesem Beispiel nicht auf die Frage der Grammatikalität ein, siehe oben 3.7.3.3.2.1.)

*Zum Imparfait d'aspect: Hier wurden 8 Imparfait-Vorkommen nicht mitgezählt. Es handelt sich um die Beispiele: „Si je m'en étais pas rendu compte, on **perdait** trois mille euros." im Sinne von „... on aurait perdu", weiterhin „C'est trop tard, **fallait** y penser avant." im Sinne von „il aurait fallu ..." (siehe hierzu Grevisse n° 1768,3 und n° 1769). Die immerhin mit 5 Vorkommen vertretene Struktur „Imparfait von ‚aller' mit Infinitiv" (Beispiel: „François au téléphone: Allo? Oui. Monsieur Martineau. Beh, j'**allais** vous appeler.") schließen wir gleichfalls aus. Die Struktur ist für die gesprochene Sprache nicht untypisch, dürfte aber für Lernende der Sekundarstufe I nur schwer fassbar sein. In all diesen Fällen ist ein Passé composé nicht möglich, insofern fallen sie aus dem Rahmen des Aspektunterschiedes. Das gilt auch für die Struktur „venir de faire": „Ma fille venait de faire une fugue." Die Wendung kommt im Corpus nur 1x vor. Eine Behandlung im Unterricht lohnt sich nicht.*

3.8.2.4. Wird bei den 89 Formen des Imparfait d'aspect noch einmal die Frequenz der Verben überprüft, so zeigt sich, dass drei Verben mehr als 10x vorkommen: 29x „être", 11x „vouloir", 11x „avoir". Dies bedeutet, dass „être" / „vouloir" / „avoir" bereits 57,3 % (51 von 89) aller Vorkommen beim Imparfait d'aspect ausmachen.

3.8.2.5. Überprüft man im gesamten Corpus bei diesen drei Verben zum Vergleich die Anzahl der Formen im Passé composé, erhält man als Ergebnis, dass nur bei „avoir" ein signifikantes Vorkommen auch im Passé composé zu konstatieren ist, nämlich 16x. Hingegen gibt es bei „vouloir" nur 2 Formen und bei „être" nur 4 Formen im Passé composé. Die Schülerinnen und Schüler können lernen, dass sie bei „vouloir" und „être" im Zweifel das Imparfait verwenden sollten. Damit wäre hinsichtlich der normalen gesprochenen Umgangssprache bereits bei 44,94 % aller Fälle (40 von 89) die Imparfait-Passé composé-Schwierigkeit beseitigt.

3.8.2.6. Dabei spielt bei „vouloir" das „Imparfait d'atténuation" (siehe Grevisse 1980, n° 1768; bei Weinrich 1977, S. 202, heißt es „Imparfait der Bescheidenheit") eine Rolle, so dass die Formen „je voulais" + Infinitiv:

„je voulais dire / savoir / ..." als Entsprechung für „ich wollte sagen / wissen / ... "

nahezu als lexikalische Einheiten gelernt werden können. Diese Wendungen kommen auch mit Objektpronomen vor (Beispiel: „Ah ouais, Lucas, je voulais te dire merci ...").

3.8.2.7. Das Verb „être" kann als für die Beschreibung eines Zustands prototypisch angesehen werden. Es können nahezu als lexikalische Einheiten gelernt werden:

j'étais ...	ich war ...
t'étais ...	du warst ...
il / elle / on / ‚Nomen' était ...	er / sie / man / ‚Nomen' war ... / wir waren ...
c'était ...	das war ...

Diese Wendungen kommen auch verneint vor (Beispiele: „Pendant la guerre, c'était pas moi." / „T'étais pas obligé, hein.").

3.8.2.8. Auch wenn die Vorkommen von „savoir" und „penser" wesentlich seltener auftreten, so sind die folgenden Wendungen typisch und deshalb als nahezu feststehend lernenswert:

je pensais que ...	ich dachte, dass ...
je croyais que ...	ich glaubte, dass ...

Weinrich 1977, S. 203, nennt diese Verwendung „Imparfait der eingeschränkten Gültigkeit". Hier die Belege für „penser": „J'ai eu une opportunité et je l'ai saisie, parce que je pensais que c'était aussi dans ton intérêt." / „Je pensais jamais que ce serait aussi sérieux." / „Je pensais que ça allait s'arranger." Und die Belege für „croire": „Je croyais que vous étiez fâchés." / „T'es sûre? Je croyais moi ... je sais plus." / „Je croyais qu'il existait une loi aujourd'hui contre les loueurs de taudis." An den Beispielen sieht man, dass sich im Deutschen auch die Übersetzungen „ich hatte gedacht" / *„ich hätte gedacht"* bzw. *„ich hatte geglaubt"* als Nuance der *eingeschränkten Gültigkeit anbieten.*

3.8.2.9. Als Unterscheidungshilfe werden in Grammatischen Beiheften sowie in systematischen Schulgrammatiken häufig sogenannte Signalwörter angeführt (z.b. GBH Déc Sj 3 2014, S. 14; OG Fr 2009, S. 80). Die empirische Überprüfung zeigt, dass in unserem Corpus nur 6x Signalwörter das Imparfait d'aspect begleiten. Dabei handelt es sich 2x um Signalwörter, die das Imparfait stützen („sans arrêt" / „tout le temps"). Mehrheitlich steht das Imparfait aber in der Nähe von solchen Signalwörtern, die die zitierten Grammatiken eher dem Passé composé zuweisen („alors" / „après" / „d'abord" / „finalement"). Wenn es um die sprachliche Realität der normalen gesprochenen Umgangssprache geht, sollte der Hinweis auf die „Signalwörter" besser unterbleiben. Die in den Schulgrammatiken formulierten kombinatorischen Präferenzen sind trügerisch.

3.8.2.10. Eine Darstellungsart mit langer Tradition besteht darin, den unterschiedlichen Gebrauch von Passé composé und Imparfait getrennt nach Hauptsätzen und Satzgefügen zu erklären. Siehe schon Klein / Strohmeyer 1958, §§ 45, 46 und OG Fr 2009, S. 79–81. So werden in OG Fr 2009 die Unterschiede zwischen Imparfait und Passé composé zunächst an einem längeren fabrizierten Text erläutert, der nur aus Hauptsätzen besteht (S. 79), dann wird dasselbe Verfahren bei einem gleichfalls fabrizierten Text angewandt, der ausschließlich Satzgefüge enthält (S. 81). In unserem Corpus sind keine Passagen zu finden, die diese Trennung empirisch stützen. Es ist festzuhalten, dass im Corpus ohnehin nur wenige Passagen mit einer zusammenhängenden, auf die Vergangenheit bezogenen Erzählung zu finden sind. Die längste besteht aus nur drei Sätzen: es handelt sich um eine Mischung aus Hauptsätzen und Satzgefügen („On avait presque la même à Cracovie. On a dû tout laisser: les livres, les meubles, mes poupées. Papa disait que c'était rien car il avait sauvé son bien le plus précieux: nous, sa famille. C'est ce qu'on croyait alors..."). Aber immerhin kommt das Imparfait 48x in solchen Satzgefügen vor, in denen zumindest ein Imparfait d'aspect vertreten ist. Analysiert man diese Fälle genauer (siehe die Einzelergebnisse in 3.8.3.5) zeigt sich aber, dass nur 4 Fälle zu den auf S. 81 der OG Fr 2009 gegebenen Erklärungen passen. Dabei geht es um die Gleichzeitigkeit (Beispiel: „Et ma mère, elle était bien quand il découchait sans arrêt et sans prévenir, là?") und um die Beziehung zwischen einmaliger

Handlung und Zustandsbeschreibung (Beispiel: „J'ai eu une opportunité et je l'ai saisie, parce que je pensais que c'était aussi dans ton intérêt.“). Die zur Illustration der Zeitformen immer gern bemühte Konjunktion „pendant que“ kommt in unserem Corpus gar nicht vor. (Siehe OG Fr 2009, S. 81 und GBH Déc Sj 3 2014, S. 13.) Als didaktisches Fazit kann man festhalten, dass die bei der Erklärung des Unterschieds von Passé composé und Imparfait vorgenommene Trennung von Hauptsätzen und Satzgefügen künstlich ist. Sie kann entfallen.

Dass es auch ohne diese Trennung geht, zeigt z.b. GBH Déc Sj 3 2014, S. 12, 13.

3.8.2.11. Schon Grevisse 1980 (n° 1766) weist darauf hin, dass es einerseits das Bemühen gibt, das Imparfait auf möglichst wenige Grundfunktionen zurückzuführen, dass andererseits aber viele Grammatiker weitere „prétendues valeurs particulières“ herausgearbeitet haben. Dieses Spannungsfeld hinsichtlich der Anzahl der Beschreibungsbegriffe ist auch für didaktische Schulgrammatiken relevant. Das Dilemma besteht darin, dass, je allgemeiner und weniger zahlreich die Begriffe werden, desto mehr Fälle werden erfasst, wobei die Interpretation aber immer unschärfer wird. Je konkreter und zahlreicher die Begriffe werden, desto unübersichtlicher fallen sie aus. In didaktischen Schulgrammatiken geht es aber nicht nur um die adäquate Deskription. Vielmehr müssen die Begrifflichkeiten Hilfestellungen für die eigene Sprachproduktion der Lernenden geben. Selbst wenn berücksichtigt wird, dass OG Fr 2009 sich an die Sekundarstufe II richtet, muss doch die Frage erlaubt sein, ob die auf den Seiten 78–81 so zahlreich vertretenen Termini wirklich der Orientierung bei der Sprachproduktion dienen können oder ob dieser begriffliche „Overkill“ nicht eher Verwirrung stiftet. Hier die Armada der Beschreibungen des Imparfait: Zustände, Situationen, Begleitumstände, gewohnheitsmäßige Handlungen, Hintergrund, Rahmen der Handlung zeitlich nicht begrenzt, Hintergrundinformationen, Erklärungen, Kommentare, sich regelmäßig wiederholende Handlungen, sich im Verlauf befindliche Handlung, Zustandsbeschreibung, gleichzeitig/parallel verlaufende Handlungen, beschreibende Ergänzungen oder Erklärungen.

Der in OG Fr 2009, S. 79, an prominenter Stelle stehende Begriff des „Hintergrunds“ und sein Pendant „Vordergrund“ sind ein Erbe aus Weinrichs Tempustheorie: Imparfait und Passé simple geben seiner Analyse nach „einer Erzählung Relief und gliedern sie rekurrent nach Vordergrund und Hintergrund. Das Imparfait ist in *der Erzählung das Tempus des Hintergrunds, das Passé simple ist das Tempus des Vordergrunds."* (Weinrich 1977, S. 93) und später „... *die Reliefgebung nach Hintergrund und Vordergrund ist die eine und einzige Funktion, die die Opposition von Imparfait und Passé simple in der erzählten Welt hat."* (S. 95). Die Übernahme dieser Begriffe in den didaktischen Rahmen einer Schulgrammatik ist nicht unproblematisch. Zwar gelten sie nach Weinrich auch beim mündlichen Erzählen (in der Konkretisierung durch Présent, Passé composé und Imparfait), er verwendet sie aber vor allem um den Tempusgebrauch in literarischen Werken begrifflich zu erfassen. Es handelt sich, wie er schreibt, um „*eine textlinguistische Interpretation der Tempora unter erzählerischen Gesichtspunkten"* (S. 108); diese Deutung geschieht also nachträglich aus der Sicht des Wissenschaftlers im Rahmen einer spezifischen Tempus-Theorie. Ersetzt man aber die Perspektive der Rezeption durch die der Produktion, so ist es sicher so, dass Autoren Tempora zum Teil gezielt wählen, aber dies wird bei den Vergangenheitsformen vermutlich ohne die explizite, bewusste Absicht geschehen, die Erzählung nach Vordergrund und Hintergrund zu gliedern. Die Begriffe sind ja nur Metaphern, der Gemeinsprache entlehnt, begriffliche „Krücken", die eine Interpretation veranschaulichen sollen. Eine bewusste „Reliefgebung" ist beim Erzählen durch normale Sprecher in Alltagssituationen noch weniger als beim literarischen Autor zu erwarten. Gänzlich wird die Trias aus Relief, Vordergrund und Hintergrund aber als Hilfe fragwürdig, wenn sich die Lerner der Sekundarstufe I (und auch II) in spontanen Sprechsituationen rasch zwischen den Tempora entscheiden müssen.*

Dass die begriffliche Vielfalt zur Beschreibung des Gebrauchs von Passé composé und Imparfait im GBH Déc Sj 3 2014, S. 12, 13 erheblich reduziert wird, ist zum einen sicher der Tatsache geschuldet, dass sich das Beiheft nur an die Sekundarstufe I richtet. Zum anderen ist es aber auch das Eingeständnis, dass die Erklärungen für deutsche Muttersprachler ziemlich schnell an ihre Grenzen kommen, da diese Lerner für das im deutschen Sprachsystem nicht vorhandene Imparfait d'aspect kein „Sprachgefühl" haben: rationale Beschreibungen kompensieren diesen Mangel nur unvollkommen. Deswegen verweist das Grammatische Beiheft zu Recht auf den Umstand: „Menschen mit Französisch als Muttersprache folgen ihrem Sprachgefühl" (S. 11), wenn es um die Verwendung des Imparfait geht. Wenn nicht eine fast muttersprachliche Kompetenz im Französischen vorhanden ist, werden sich auch Unterrichtende mit Deutsch als Muttersprache immer wieder eingestehen müssen, dass sie in der Wahl zwischen Passé composé und Imparfait unsicher sind, zumal wenn es um die gesprochene Sprache geht. Gleichzeitig macht man die Erfahrung, dass „Fehler" in diesem Bereich zumeist die Kommunikation nicht stören. Ist es nicht unredlich, wenn die Unterrichtenden Forderungen an die Lernenden stellen, die sie selbst nicht erfüllen? So lautet hier das didaktische Fazit, dass auf eine Sanktionierung (Noten, Punkte, etc.) von „Fehlern" bei der Verwendung des Imparfait d'aspect im Rahmen der gesprochenen Sprache verzichtet werden sollte. Dieses Fazit ist zugegebenermaßen nicht empirisch begründet, sondern eine Empfehlung, die auf Erfahrung beruht.

Wenn Weinrich 1977, S. 93, zur Verwendung von Imparfait und Passé simple schreibt: „Ihre Distribution im einzelnen liegt im Ermessen des Erzählers.", so stützt diese Aussage unsere Einschätzung. Die treffsichere Verwendung des Imparfait setzt eine Virtuosität voraus, die außerhalb der Reichweite der Lernenden der Sekundarstufe I liegt.

3.8.2.12. Es stellt sich vor diesem Hintergrund die Frage, welche empirischen Aussagen noch möglich sind, die für Einführung und Üben des Imparfait d'aspect nützliche Hinweise geben. Dabei schließen wir von den 89 Vorkommen, die 40 Imparfait-Formen von „être" und „vouloir" (siehe oben 3.8.2.5) aus, da bei ihnen als didaktische Vereinfachung ohnehin die Verwendung des Imparfait empfohlen wird. So bleiben 49 Fälle des Imparfait d'aspait übrig, die weiter zu anlysieren sind. Da die identische Form „disait" 2x in verschiedenen Funktionen vorkommt, gibt es insgesamt 50 Imparfait-Formen zu berücksichtigen.

3.8.2.13. Wir verwenden im Folgenden die Beschreibungs- und Produktionskategorien des GBH Déc Sj 3 2014, S. 12, 13. Diese sind dort auf drei reduziert:
1. Beschreibung von Zuständen, 2. Gewohnheit, 3. Gleichzeitigkeit. Wir definieren diese Kategorien als „Aspektqualität". Da keine genaue Trennschärfe zwischen den Begiffen existiert, läßt sich eine subjektive Interpretation bei der Zuordnung nicht vermeiden. Unsere empirische Analyse führt zu folgendem Ergebnis. Das Vorkommen in unserem Corpus beträgt: 40x Zustand (Beispiel: „Vous vous souvenez, c'est la boite où il y **avait** les lettres."), 3x Gleichzeitigkeit mit 6 involvierten Imparfait-Formen (Beispiel: „Moi aussi, eh, je me **tirais** tout le temps de chez mes parents, je **faisais** ça en espérant qu'ils s'inquiètent pour moi. Mais non, ils s'en **foutaient** complètement."), 4x Gewohnheit (Beispiel: „Tu sais à l'hôpital quand la personne **refusait** de sortir de sa chambre, c'est un premier signe de déprime."). In unserem Corpus beschreibt also in 40 von 50 Fällen (80 %) das Imparfait d'aspect einen Zustand.

Es sei daran erinnert, dass die Vorkommen von „être" und „vouloir" nicht mitge-
zählt werden, da bei diesen Verben ohnehin die Verwendung des Imparfait empfoh-
len wird. Siehe oben 3.8.2.5.

3.8.2.14. Die Vorkommen des Imparfait d'aspect in unserem Corpus legen
noch eine weitere Unterscheidung nahe:

Ausgangspunkt in der normalen gesprochenen Umgangssprache ist immer der Sprecher, der sich aus seiner Gegenwart heraus zur Vergangenheit
äußert. 1. Dies kann aus dem präsentischen Umfeld heraus die Erwähnung
eines einzelnen Ereignisses sein, danach kehrt der Sprecher zum Présent
zurück. So entsteht die Beziehung Présent zu Imparfait. 2. Dies kann aber
auch die Erwähnung von mehreren Ereignissen sein, die zueinander in einer
Beziehung stehen. Hier beschränken wir unsere Analyse auf die Beziehung
Présent zu Imparfait / Passé composé und Présent zu Imparfait / Imparfait.
Wir definieren diese Beziehungen als „Aspektdimension".
Die Beziehungen 1 und 2 finden sich in der folgenden Häufigkeit:
– 29x Beziehung Présent zu Imparfait (Beispiel: „*Ninon:* Tu peux répéter
s'il te plait?! C'est une blague, c'est ça? Y a une caméra cachée quelque
part? *Vincent:* Je sais que c'est un peu brutal mais je **supportais** plus Paris.
Un changement d'air nous fera le plus grand bien à tous les deux."),
– 15x Beziehung Présent zu Imparfait / Passé composé (Beispiel: „Le Mistral est dans ma famille depuis trois générations. Mon père le **tenait** de son
père et il l'**a donné** à mon fils pensant qu'il en ferait bon usage, mais il a
décidé de vendre."),
– 3x (mit 6 Imparfait-Formen) Beziehung Présent zu Imparfait / Imparfait
(Beispiel: „Et ma mère, elle **était** bien quand il **découchait** sans arrêt et sans
prévenir, là?").

Die Verteilung zeigt, dass in der normalen gesprochenen Umgangssprache die „isolierte, flash-artige" Rückschau in die Vergangenheit wesentlich
häufiger anzutreffen ist (29 von 50 = 58 %) als die Rückschau mit der
Kombination von zwei Vergangenheitsaspekten. In literarischen Erzählungen, die als „Leit-Tempus" das Passé haben, wird dieses Verhältnis anders
aussehen. Didaktisch gesehen ist es wichtig, die Eindrücke, die aus literarischen Stoffen stammen, nicht auf die normale gesprochene Umgangssprache zu übertragen. Statt komplexe Textzusammenhänge zu präsentieren, in
denen sich Passé composé und Imparfait abwechseln, sollten Übungen zum
Thema Imparfait d'aspect mehrheitlich aus Einzelsituationen bestehen, in
denen vorrangig nur ein Verb im Imparfait vorkommt. Natürlich gibt es

auch in der normalen gesprochenen Umgangssprache Situationen, in denen mündlich über die Vergangenheit erzählt wird, aber, auf die Menge bezogen, sind diese Situationen nicht sehr häufig, wie auch unser Corpus deutlich zeigt. Entsprechend sollten in der Sekundarstufe I „freie" Übungen, die das längere mündliche monologische Erzählen von Vergangenheitsereignissen verlangen, gegenüber dem dialogischen Sprechen zurücktreten.

Weinrich 1977 stützt unsere Auffassung in zweifacher Hinsicht: Zum einen stellt er ebenfalls fest: „Zwar erzählen wir nach wie vor, wenn uns etwas Besonderes widerfährt. Aber das sind oft nur fragmentarische und verkümmerte Erzählungen, die als Texte wenig Eigengewicht haben und sich kaum aus der besprechenden Rede herausheben." (S. 274). Allerdings analysiert Weinrich mündliche Erzähltexte, die noch deutlich länger sind als die Erzählrudimente im Corpus von PBLV. Zum anderen konstatiert Weinrich für die mündliche Erzählung: „Der Tempusfolge Imparfait – Passé simple – Imparfait als Großstruktur der geschriebenen Erzählung entspricht ... als Großstruktur der mündlichen Erzählung die Tempus-Folge Imparfait – Présent – Imparfait." (S. 275). Dieser Einschätzung ist zuzustimmen, allerdings ist der Bezug zwischen Imparfait und Présent, wie wir gesehen haben, in der normalen gesprochenen Umgangssprache, vor allem in ihrer dialogischen Form, singulärer, isolierter, „flash-artiger" als in längeren mündlichen Erzählungen. Ohne die Diskussion zu vertiefen, kann das Imparfait in dieser Beziehung durchaus zu den „Tempora des Besprechens" gezählt werden, um in Weinrichs Terminologie zu bleiben.

Es seien noch zwei Probleme angesprochen:

1. Man könnte meinen, dass es sich nur beim erzählerischen In-Beziehung-Setzen von Passé composé und Imparfait bzw. von Imparfait und Imparfait um einen Aspektunterschied handelt, während die Verwendung einer isolierten Imparfait-Form rein temporale Funktion habe. Diese Trennung mag deskriptiv gerechtfertigt sein. Nimmt man allerdings die Produktionsperspektive der Lernenden als Maßstab, so müssen diese beim freien Sprechen immer entscheiden, ob sie ein Ereignis der Vergangenheit im Passé composé oder im Imparfait darstellen, soweit diese Formen gelernt wurden. (Zur Vereinfachung übergehen wir hier das Plus-que-parfait.) Insofern ist für die Lernenden jede Verwendung von Passé composé und Imparfait, auch wenn dies isoliert geschieht, aspektuell zu entscheiden.

2. Wenn die Beziehungen 1 (Présent zu Imparfait) und 2 (Présent zu Imparfait / Passé composé und Présent zu Imparfait / Imparfait) unterschieden werden, stellt sich die Frage, wie die Kontextgrenze zu ziehen ist. Anders gefragt: Wie weit muss ein Imparfait von einem Passé composé oder einem zweiten Imparfait entfernt sein, damit es als „isolierte, flash-artige" Verwendung analysiert werden kann? Und wie

eng müssen Passé composé und Imparfait zusammenstehen, um als „Kombination"
zu zählen? Hier geht es nicht nur um „Tempusübergänge". Wir fragen vielmehr
allgemeiner und abstrakter: Wie kann die kleinste aspektuelle Sequenz isoliert wer-
den? Die Antwort ist schwierig. Die Sprechergrenze kann es nicht sein. Im folgen-
den Beispiel erklärt sich das Imparfait bei Léo ja durch die anaphorische Beziehung
zum Passé composé bei Roland: „Roland: Je suis passé aux mots-croisés. La pé-
tanque, c'est des histoires anciennes. J'ai perdu la main depuis que mon partenaire
m'a planté la veille de la finale. Léo: Il avait sûrement une bonne raison." Wenn die
Sprechergrenze nicht entscheidend ist, kann es die Satzgrenze ebenfalls nicht sein.
In dem nächsten Beispiel „Moi aussi, eh, je me tirais tout le temps de chez mes
parents, je faisais ça en espérant qu'ils s'inquiètent pour moi. Mais non, ils s'en
foutaient complètement." bilden sogar drei Verben über die Satzgrenze hinweg und
durch die Pronomen „ça" sowie „en" verbunden eine aspektuelle Sequenz. Und
noch ein weiteres Beispiel: „François: Oui, enfin, non, non, c'était pour le concours
de patinage artistique de ma fille. Après, qu'est-ce que vous voulez, on était au bout
du monde, on s'est fait un peu plaisir." Hier bilden zwar das Imparfait in „on était
au bout du monde" und das Passé composé in „on s'est fait un peu plaisir" eine
aspektuelle Sequenz, das erste Imparfait in „c'était pour le concours" gehört aber
nicht dazu, es beginnt danach eine neue Sinneinheit, hier sogar formal markiert
durch gleich zwei Elemente „après" und „qu'est-ce que vous voulez". Solche for-
malen Trennelemente sind aber nicht immer zu finden. Es wäre eine Aufgabe, hier
weitere Kriterien zu entwickeln. Schließlich gibt es noch den Fall, dass ein- und
dieselbe Imparfait-Form in zwei unterschiedlichen aspektuellen Sequenzen stehen
kann, siehe das folgende Beispiel: „... on a dû tout laisser: les livres, les meubles,
mes poupées. Papa disait que c'était rien ..." Hier drückt „disait" eine Gewohnheit
aus. Im folgenden Text „Papa disait que c'était rien car il avait sauvé son bien le
plus précieux: Nous. Sa famille. C'est ce qu'on croyait alors." bewegen sich
„disait" und „croyait" auf einer Ebene der Gleichzeitigkeit.

In der vorliegenden Untersuchung wurde die aspektuelle Segmentierung auf Grund
einer subjektiven Einteilung von Sinneinheiten vorgenommen.

3.8.2.15. Kombiniert man nun 3.8.2.13 mit 3.8.2.14, also die Aspektqualität
mit der Aspektdimension, so erhält man die folgenden Frequenzen:

- In der Beziehung Présent zu Imparfait / Imparfait handelt es sich
  3x (mit 6 Imparfait-Formen, 6 von 50 = 12 %), also ausschließlich,
  um die Gleichzeitigkeit.

- In der Beziehung Présent zu Imparfait / Passé composé handelt es
  sich beim Imparfait 1x (2 %) um eine Gewohnheit und 14x (28 %)
  um einen Zustand. Das wichtigste Zustandsverb ist hier „avoir" mit
  einem Vorkommen von 5 Belegen.

- In der Beziehung Présent zu Imparfait handelt es sich beim Imparfait 3x (6 %) um eine Gewohnheit und 26x (52 %) um einen Zustand. Erneut ist mit 6 Belegen „avoir" das häufigste Zustandsverb. Als didaktisches Fazit für die Konzeption von Übungen kann formuliert werden, dass Situationen, in denen nur ein isoliertes Imparfait als Zustandsbeschreibung vorkommt, die höchste kommunikative Rentabilität besitzen (26x = 52 %) (Beispiel: „T'es gentil de me rappeler en quelle estime me tenait mon père."), gefolgt von Situationen, in denen sich ein Imparfait, gleichfalls als Zustandsbeschreibung, von einem Passé composé absetzt (14x = 28 %) (Beispiel: „Le banquier qui t'a appelé à huit heures ce matin, c'est à mon avis qu'il avait une bonne raison."). Das wichtigste Zustandsverb ist beim Imparfait d'aspect durchgehend „avoir".

Es sei erneut daran erinnert, dass die Vorkommen von „être" und „vouloir" nicht mitgezählt werden, da bei diesen Verben ohnehin die Verwendung des Imparfait empfohlen wird. Siehe oben 3.8.2.5.

3.8.2.16. Das Dilemma besteht also darin, dass die konkretesten und für die Lernenden noch relativ einfach nachvollziehbaren Kategorien (Gewohnheit / Gleichzeitigkeit) eher selten vorkommen, während der interpretationsoffene, „schwammige" Begriff der Zustandsbeschreibung am häufigsten das Imparfait d'aspect kennzeichnet. Ein Blick auf die Belege bei den Detailergebnissen in 3.8.3.7 zeigt noch einmal nachdrücklich, wie gering die Trennschärfe zwischen den Beschreibungsbegriffen „Zustand, Gewohnheit, Gleichzeitigkeit" ausfällt und dass manche Zuordnung fast willkürlich erscheint. Sicherlich wäre es möglich, die „Zustandsbeschreibung" weiter zu untergliedern, aber dann kommen wir auf den bereits unter 3.8.2.11 formulierten Gedanken zurück: Je konkreter und zahlreicher die Begriffe werden, desto unübersichtlicher fallen sie aus und desto weniger eignen sie sich als Hilfe für die spontanen mündlichen Äußerungen der Lernenden in der Sekundarstufe I. Für das spontane Sprechen der Lernenden bietet der Begriff also nur einen gewissen Anhaltspunkt. Er erlaubt aber durch die Frage „Will ich einen Zustand ausdrücken?" ein kurzes intuitives Checken vor der mündlichen Äußerung. Man kann auch anders formulieren und die aus den Lehrwerken und Schulgrammatiken bekannte „Leitfrage" einsetzen: „Was war (schon)?" (siehe GBH Déc Sj 3 2014, S. 13 und OG Fr 2009, S. 80). Das Ergebnis der Analyse korreliert mit der bereits in 3.8.2.11 gegebenen Einschätzung: Die Sicherheit in der Aspektunterscheidung ist an ein frankophones Sprachgefühl gebunden, das sich unter den institutionellen Unterrichtsbedingungen der Sekundarstufe I bei durchschnittlichen deutschen Lernenden nicht entwickeln lässt. Es sollte deshalb von den Unterrichtenden akzeptiert werden, dass bei der genannten Zielgruppe die Verwendung des Imparfait „im Ungefähren" bleibt.

Man könnte sicher versucht sein, das Kriterium der „zeitlichen Unbegrenztheit" als weitere „Check-Ebene" einzuführen. Dieses Kriterium lässt sich ja auf alle drei Beschreibungsbegriffe (Gewohnheit, Gleichzeitigkeit, Zustand) beziehen. Es bestehen aber erhebliche Zweifel, ob für das spontane Sprechen bei durchschnittlichen Lernern der Sekundarstufe I die „Check-Kapazität" groß genug wäre, um zwei Ebenen zu prüfen. Würde hingegen die „zeitliche Unbegrenztheit" zum einzigen Kriterium erklärt, so wäre diese Prüfung zu abstrakt und zu allgemein, als dass sie mit der Leitfrage „Was war (schon)?" für die Wahl des Imparfait konkurrieren könnte. Dabei ist völlig klar, dass die Kategorie „Beschreibung von Zuständen" letztlich eine Restkategorie ist, in der alle Phänomene versammelt sind, die sich weder der Gewohnheit noch der Gleichzeitigkeit zuordnen lassen. Ein Blick in die Geschichte der Begleitgrammatiken zu den führenden deutschen Französischlehrwerken der Sekundarstufe I macht übrigens deutlich, wie wechselhaft die Dominanz bestimmter Beschreibungsbegriffe für die Verwendung des Imparfait ist. Dabei beschränken wir uns in der folgenden Übersicht auf die Begriffe, die in den Beiheften den Kontrast zum Passé simple bzw. Passé composé beschreiben und zwar nur, soweit es um die Abfolge von Hauptsätzen geht. In den 1960er Jahren nennt GBH EF C 1959 drei Leitbegriffe: „Beschreibung von Zuständen", „noch andauernde , unabgeschlossene Handlungen oder Vorgänge", „regelmäßig sich wiederholende Handlungen (Gewohnheiten und Bräuche)" (S. 33). In den 1970er Jahren betont GBH Cdb 2 1976 die „Begleitumstände" (S. 49) als Leitbegriff. In der Variante für die 3. Fremdsprache (GBH CI 2 1978) taucht überraschend der „modale (sic!) Hintergrund" (S. 22) als Hauptkategorie auf. In den 1980er Jahre entscheidet sich GBH El 2 1983 für die Kombination aus „Begleitumständen" und „Hintergrund" (S. 49). In den 1990er Jahren geht es in GBH Déc Sv 1995 erneut um die „Begleitumstände", die aber von den „gewohnheitsmäßigen Handlungen" und der „zeitlichen Unbegrenztheit" begleitet werden (S. 37). Das GBH Déc 3 2006 aus den 2000er Jahren bleibt diesen Kategorien treu (S. 9). Im aktuellen GBH Déc Sj 3 2014 schließt sich der Kreis. Wie wir bereits gesehen haben, geht es um „Gewohnheit" und „Gleichzeitigkeit". Die Autoren kommen aber auch auf die „Beschreibung von Zuständen" zurück (S. 13). Resümierend kann gesagt werden, dass dies alles „tastende Versuche" (Weinrich 1977, S. 257) sind, sich einem Phänomen zu nähern, welches kognitiv kaum erschlossen werden kann. Deshalb ergibt sich aus didaktischer Sicht das folgende Fazit: Sowohl die Lehrwerkautorinnen und -autoren als auch die Unterrichtenden sollten sehr kritisch prüfen, wie viel Raum bzw. Zeit der

Vermittlung und dem Üben des Aspektunterschiedes in der Sekundarstufe I gewid-
met wird. Trotzdem wäre es interessant, verschiedenen Lernergruppen einer Ni-
veaustufe in einem Unterrichtsexperiment den Aspektunterschied mit unterschiedli-
chen Leitbegriffen zu erklären und zu testen, ob sich die Treffsicherheit der Grup-
pen signifikant unterscheidet, vor allem bezogen auf das spontane Sprechen.

3.8.3.   Die Ergebnisse im Detail

3.8.3.1. Hinsichtlich der verwendeten Personen lautet das Resultat: Von den
145 Imparfait-Formen des Hauptsatzes stehen
- 57 in der 1. Person Singular (39,31 %) (Beispiel: „J'ai pas dit que
  je voulais pas l'aider!")
- 16 in der 2. Person Singular (11,03 %) (Beispiel: „Je voulais savoir
  si tu dînais avec moi.")
- 64 in der 3. Person Singular (44,14 %) (Beispiel: „Avant, il habitait
  dans le quartier.") (13x c'était, 13x on = nous, 16x il, 9x Nomen;
  8x elle, 4x ça, 1x tout)
- 5 in der 2. Person Plural (3,45 %) (Beispiel: „Rachel, vous parlez
  comme si vous étiez toute seule!")
- 3 in der 3. Person Plural (2,07 %) (Beispiel: „Mais non, ils s'en
  foutaient complètement.")

Die 1. Person Plural ist nicht belegt.
Der Singular ist zusammen 137x vertreten (94,48 %).

3.8.3.2. Es gibt 29 Imparfait-Formen von regelmäßigen und 116 von unre-
gelmäßigen Verben.
Bei den regelmäßigen Verben sind belegt:
- Verben auf „-er": = 26x (mehr als 1x kommen vor: „penser" 3x;
  „écouter" 2x; „exister" 2x; „rentrer" 2x)
- Verb auf „-dre": 2x („perdre" 1x; „attendre" 1x)
- Verben auf -ir: = 1x („sentir")

Hier die Frequenz der 116 Imparfait-Formen der unregelmäßigen Verben:
- 41x „être"; 14x „vouloir"; 13x „avoir"; 10x „aller"; (zusammen 78
  von 145 Imparfait-Formen = 53,79 %)
- je 6x „devoir", „faire"
- 5x „croire"
- je 4x „pouvoir", „savoir"
- je 3x „dire", „tenir", „venir"
- je 1x „falloir", „vivre", „voir", „s'en foutre"

3.8.3.3. Wird diese Zählung nur im Hinblick auf das Imparfait d'aspect vorgenommen, so ergibt sich für die 89 Imparfait-Formen als Ergebnis, dass 14 Formen von regelmäßigen und 75 von unregelmäßigen Verben relevant sind.

Bei den regelmäßigen Verben sind belegt:

- Verben auf „-er": = 12x („penser" 3x; alle anderen 1x: „chercher", „découcher", „douter", „garder", „habiter", „manquer", „refuser", „supporter", „tirer")
- Verb auf „-dre": 1x („attendre")
- Verben auf -ir: = 1x („sentir")

Hier die Reihenfolge der unregelmäßigen Verben nach der Frequenz ihres Auftretens im Corpus:

- 29x „être"; 11x „vouloir"; 11x „avoir"; (zusammen 51 von 89 Imparfait-Formen = 57,3 %; „être" / „vouloir" zusammen 40 = 44,94 %)
- 4x „faire"
- 5x „croire"
- je 3x „dire", „savoir", „tenir", „venir"
- je 1x „voir, „pouvoir"; „s'en foutre"

3.8.3.4. Es wäre zu platzaufwendig, alle Beispiele zu listen, in denen „être" im Imparfait d'aspect vorkommt. Hier aber alle Belege von „vouloir": „Je voulais savoir si tu dînais avec moi." / „D'abord je voulais dire que je regrette de t'avoir mise devant le fait accompli." / „Ah ouais, Lucas, je voulais te dire merci." / „Au fait, je voulais te dire, fais gaffe, mon vieux, tu commences à ronfler." (bis hier Imparfait d'atténuation) / „Bah, je voulais pas te casser ton plan, hein." / „Bah, désolée, hein, je voulais passer une journée à Paris mais alors vu le temps ..." / „Mais je voulais être sûr que tu regrettais pas de racheter le Mistral." / „Je voulais qu'on reprenne sur de nouvelles bases." / „Je voulais des sentiments, Mirta. Je t'aime." / „Ninon, je suis désolé, pardonne-moi pour hier soir… je ne voulais pas." / „Ce poste, c'est la stabilité, une chance de devenir père à plein temps, c'est ce que vous vouliez, non?"

3.8.3.5. In den folgenden Belegen stützen „Signalwörter" das Imparfait d'aspect: „Et ma mère, elle était bien quand il découchait **sans arrêt** et sans prévenir, là?" / „Moi aussi, eh, je me tirais **tout le temps** de chez mes parents." In den folgenden Belegen werden Zeitadverbien verwendet, die für

Lernende der Sekundarstufe I eher nicht zum Imparfait d'aspect passen: „C'est ce qu'on croyait **alors**." = Den Lernenden werden die unterschiedlichen Bedeutungen „da" / „dann" / „damals" nicht präsent sein. / „**Après**, qu'est-ce que vous voulez, on était au bout du monde, on s'est fait un peu plaisir." = Die Lernenden werden nicht durchschauen, dass sich „après" nicht auf „on était au bout du monde" bezieht. / „**D'abord** je voulais dire que je regrette de t'avoir mise devant le fait accompli pour cet appart'." / „**Finalement**, j'étais très bien au Canada, moi!" = Die Lernenden werden nach „d'abord" und „finalement" ein Passé composé erwarten.

3.8.3.6. In OG Fr 2009; S. 81, werden hinsichtlich des Imparfait in Satzgefügen die folgenden Beschreibungen gegeben: 1. „Tritt in eine sich im Verlauf befindliche Handlung (Imparfait) oder in eine Zustandsbeschreibung (Imparfait) eine neue Handlung ein, so steht diese im Passé composé." 2. „Wenn Haupt- und Nebensatz gleichzeitig/parallel verlaufende Handlungen ausdrücken, stehen beide im Imparfait." 3. „Relativsätze sind meist beschreibende Ergänzungen oder Erklärungen und stehen daher im Imparfait." Im Beispiel ist der Relativsatz in einen Hauptsatz eingebettet, in dem die beiden Hauptverben im Passé composé stehen: „Le vent, qui était très fort, a tout à coup tourné et a poussé les flammes vers ma maison."

Spiegelt man diese Beschreibungen auf die 48 Vorkommen des Imparfait in den Satzgefügen unseres Corpus, ergibt sich folgendes Ergebnis:

– 34 Imparfait-Vorkommen passen zu keiner angegebenen Beschreibung. Dabei handelt es sich um Satzgefüge, bei denen der Nebensatz durch die Konjunktion „que", durch die Konjunktion „si" oder durch ein Gérondif mit dem Hauptsatz verbunden ist. Hier besteht keine zeitliche Beziehung zwischen Haupt- und Nebensatz, die zu den Angaben in OG Fr 2009, S. 81, passt. Beispiele: „Je savais que je pouvais te faire confiance!" / „Je voulais savoir si tu dînais avec moi." / „Je faisais ça en espérant qu'ils s'inquiètent pour moi."

– In 7 Fällen besteht im Satzgefüge eine Abfolge zwischen Présent und Imparfait. Beispiel: „T'es gentil de me rappeler en quelle estime me tenait mon père." Diese Abfolge wird auf S. 81 der OG Fr 2009 gar nicht erwähnt. Unter diesen 7 Vorkommen gibt es auch 4 Relativsätze. Diese folgen aber nicht auf einen Hauptsatz im Passé composé, sondern auf einen Hauptsatz im Präsens. Beispiel: „Vous vous souvenez, c'est la boite où il y avait les lettres." Auch diese Abfolge passt nicht zum Erklärungsschema von S. 81.

– In 5 Fällen bestehen im Satzgefüge Übergänge zwischen Passé composé und Imparfait. Dazu gehören aber auch 3 elliptische Satzgefüge, die die Lernenden kaum der gegebenen Beschreibung zuordnen dürften. Beispiel: „J'ai dû me décider très très vite et ... comme t'étais en Afrique ...") So bleiben 2 „echte" Übergänge zwischen Passé composé und Imparfait übrig, die dem Punkt 1 der oben angegebenen Beschreibung entsprechen: „J'ai eu une opportunité et je l'ai saisie parce que je pensais que c'était aussi dans ton intérêt." / „Avec tout ce qui s'est passé l'année dernière, je voulais qu'on reprenne sur de nouvelles bases."

– 2 Imparfait-Formen kommen in dem einzigen Übergang vor, der dem oben angegebenen Punkt 2 entspricht: „Et ma mère, elle était bien quand il découchait sans arrêt et sans prévenir, là?"

Insgesamt gibt es also nur 4 Imparfait-Formen, die zu den in OG Fr 2009, S. 81, gegebenen Beschreibungen passen.

3.8.3.7. Hier in der Reihenfolge der Frequenz alle Corpusbelege zur Kombination der Aspektdimension mit der Aspektqualität (siehe oben 3.8.2.15).

– 26x (von 50 = 52 %) drückt das Imparfait in seiner Beziehung zum Présent einen „Zustand" aus:

*„Mirta: Je te demande rien! J'essaie de savoir ce que t'en penses. Roland: Bah, du bien. Beaucoup de bien même. Remarque, j'en **attendais** pas moins de toi, hein." / „... admettez que j'**avais** des circonstances atténuantes." / „Vous vous souvenez, c'est la boite où il y **avait** les lettres." / „Quelle maison? J'ai pas de maison. J'en **avais** une à Paris mais, hein, il a fallu que... " / „Et il **avait** peut-être pas tort. Des fois je me dis que le silence, c'est pas mal non plus." / „Mais le prêt est gelé. Je l'**avais**, parce que, maintenant, rendez-vous demain avec le médecin conseil de l'assurance." / „Eh voilà, voilà, hé, hé, hé, on part au Canada, on se paie une belle tranche de vacances et après ça, on s'en prend aux impôts. Mais si tu voulais aller voir des ours, t'**avais** qu'à aller dans les Pyrénées." / „Bon, voilà celle que je **cherchais**, et en retard, hein, comme d'habitude." / „T'es sûre? Je **croyais** moi... je sais plus. " / „Je **croyais** qu'il existait une loi aujourd'hui contre les loueurs de taudis." / „Bah, qu'est-ce que tu **croyais**, qu'elle allait danser les claquettes?!" / „Ah! Excusez-moi, c'est Ninon justement, ma fille. Elle est à la gare St Charles. Bah, je comprends pas, elle **devait** arriver que demain." / „Désolé de vous recevoir pendant ma pause. Je **devais** vous voir au plus vite. Il faut qu'on trouve une solution." / „Ah, c'est bien ce que je me **disais**. Tu fais la gueule, hein? " / „Ah, remarque, rien qu'à voir ta figure, je m'en **doutais** un peu, hein." / „Et qu'est-ce que tu **faisais** avec ton appareil photo, là? Il t'intéresse tant que ça mon bar tout d'un coup? " / „Blanche: ... De rêve! Déraisonnable, je l'avoue, mais de rêve! Je vais en avoir des choses à*

*raconter à mes élèves, moi! François: Ho, ça **faisait** combien de temps que t'avais pas parlé d'eux?!" / „Blanche: Je devrais être en colère, mais j'ai seulement envie de pleurer. T'as si peu confiance en moi, pour m'avoir caché tout ça pendant si longtemps. Comme si j'étais je sais pas moi ... une copine de l'âge de Johanna. François: Je **pensais** que ça allait s'arranger." / „Et bien j'espère qu'elle le sera autant quand je lui aurai dit qu'on s'installe ici. Je **pouvais** pas lui annoncer ça par téléphone." / „Il le **savait** pourtant qu'on rentrait aujourd'hui! Plus jamais je lui donne nos clés!" / „Lucas: Deux: on reste 5 minutes pas plus! Et trois: c'est toi qui lui rapportes ses fringues! Rudy: A vos ordres! Je **savais** que je pouvais te faire confiance!" / „D'abord je voulais dire que je regrette de t'avoir mise devant le fait accompli pour cet appart' mais je **sentais** qu'on devait changer quelque chose, toi et moi." / „Je sais que c'est un peu brutal mais je **supportais** plus Paris." / „Tenez, moi, mon fils, lui, il **tenait** qu'une journée avec l'argent de poche. C'est vrai que c'est un dépensier, hein." / „T'es gentil de me rappeler en quelle estime me **tenait** mon père." / „Oui, oui, je sais, je te **voyais** encore comme une petite fille. Mais bon il aura fallu cette aventure pour que je réalise enfin que tu as 17 ans."*

– 14x (von 50 = 28 %) drückt das Imparfait in seiner Beziehung zum Passé composé einen „Zustand" aus:

*„On **avait** presque la même à Cracovie, on **a dû** tout laisser: les livres, les meubles, mes poupées." / „Roland: Je suis passé aux mots-croisés. La pétanque, c'est des histoires anciennes. J'ai perdu la main depuis que mon partenaire m'**a planté** la veille de la finale. Léo: Il **avait** sûrement une bonne raison. C'est pas le genre à abandonner un ami sur un coup de tête." / „Mélanie: Roland, vous savez où j'**ai trouvé** ça? Roland: Dans un endroit où t'**avais** aucune raison de fouiller, hein." / „Roland: Un roc, ça s'éfritte. Et un jour ou l'autre, ça finit par s'écrouler. Ça fait 45 ans que je fume et j'**ai** pas **vu** un toubib depuis au moins dix ans. Malik: Parce que vous n'en **aviez** pas besoin." / „Arrête de me prendre pour une imbécile. Le banquier qui t'**a appelé** à huit heures ce matin, c'est à mon avis qu'il **avait** une bonne raison." / „Léo: Ça m'**a fait** plaisir de te parler. François: Je **croyais** que vous étiez fâchés." / „Je **devais** prendre celui de 8 heures, j'**ai** pas **pu**." / „Tu sais, c'est un ami qui me l'**a rapporté** de Pologne! Je la **gardais** pour une grande occasion!" / „Mais c'est pas un assassin. C'est un client de l'hôtel. Avant, il **habitait** dans le quartier, c'est toi qui me l'**as dit**." / „Vincent: Dis donc, t'as un jour d'avance, qu'est-ce qui s'**est passé**? Ninon: Tu me **manquais** trop!" / „J'ai eu une opportunité et je l'**ai saisie**, parce que je **pensais** que c'était aussi dans ton intérêt." / „Blanche: Ah, les enfants. Vous **êtes allé** voir la police? Vincent: Je **pensais** jamais que ce serait aussi sérieux, mais je crois il y a plus que ça à faire." / „Roland: Mais il te l'**a** pas **dit**, ça, traître, hein? François: Je **savais** pas, moi." / „Le Mistral est dans ma famille depuis trois générations. Mon père le **tenait** de son père et il l'**a donné** à mon fils pensant qu'il en ferait bon usage, mais il a décidé de vendre."*

– 3x (6 Imparfait-Formen, ohne „être" = 12 %) drückt das Imparfait in seiner Beziehung zu einem anderen Imparfait die „Gleichzeitigkeit" aus:

*„Papa **disait** que c'était rien car il avait sauvé son bien le plus précieux: Nous. Sa famille. C'est ce qu'on **croyait** alors…" / „Et ma mère, elle **était** bien quand il **dé-couchait** sans arrêt et sans prévenir, là?" / „Moi aussi, eh, je me **tirais** tout le temps de chez mes parents, je **faisais** ça en espérant qu'ils s'inquiètent pour moi. Mais non, ils s'en **foutaient** complètement."*

– 3x (6 %) drückt das Imparfait in seiner Beziehung zum Présent eine „Gewohnheit" aus:

*„Si vous cherchez à me démoraliser, vous êtes loin du compte, hein. Comment ils **disaient** mes petits-enfants déjà? Ah oui: je suis un winner." / „On **faisait** une sacré paire à l'époque. Tu joues toujours?" / „Ah non, faut jamais renoncer. Tu sais à l'hopital quand la personne **refusait** de sortir de sa chambre, c'est un premier signe de déprime."*

– 1x (2 %) drückt das Imparfait in seiner Beziehung zum Passé composé eine „Gewohnheit" aus:

*„On avait presque la même à Cracovie, on **a dû** tout laisser: les livres, les meubles, mes poupées. Papa **disait** que c'était rien car il avait sauvé son bien le plus pré-cieux: Nous. Sa famille."*

4.   Vademecum für ein effizientes Üben

In diesem Abschnitt geht es um ganz praktische Empfehlungen für Lehrwerkautorinnen und –autoren sowie Lehrerinnen und Lehrer, die vor der
Aufgabe stehen, zu den behandelten Themen Übungen zu entwerfen. Es ist
selbstverständlich, dass die Empfehlungen nur für solche Aufgaben gelten,
in denen die normale gesprochene Umgangssprache verlangt wird. Dabei
verzichten wir auf die vielfältigen Differenzierungen, die in den vorausge-
henden Kapiteln zu finden sind, und geben ganz apodiktisch einige Leitlinien vor, die nach den Ergebnissen unserer Analyse zur höchsten Übungsef-
fizienz führen. Diese Leitlinien bilden das für die praktische Umsetzung
wichtigste Konzentrat unserer Untersuchung. Sie betreffen diejenigen
Strukturaspekte, bei denen wir davon ausgehen, dass sie, entsprechend ihrer
Frequenz im untersuchten „Plus belle la vie - Corpus", auch in der realen
Kommunikation am häufigsten von den Gesprächspartnern verlangt werden.
Wir behaupten, dass das Üben dieser hochfrequenten Strukturen die größte
kommunikative Rentabilität für die Lernenden mit sich bringt.

4.1. Die Unterrichtenden sollten (trotz eventueller puristischer Bedenken bei
einigen Punkten) die folgenden im Grunde altbekannten Frequenzverhältnisse zwischen den Varianten akzeptieren, den Lernenden die Standardformen vermitteln und diese Formen auch durch geeignete Übungen festigen.
Das bedeutet aber nicht, dass die Verwendung der weniger frequenten Variante notenmäßig zu sanktionieren ist.

4.1.1. Bei den Subjektpronomen ist vor Vokal bzw. „stummem h" „t' (elidiert)" für „tu" einzuführen und zu üben. (Siehe Kapitel 2.2.1.)

4.1.2. Ebenfalls bei den Subjektpronomen ist „on" statt „nous" in der Bedeutung „wir" die Standardform. (Siehe Kapitel 2.2.2.)

4.1.3. Das neutrale Demonstrativpronomen „ça" kann „cela" vollständig
ersetzen. (Siehe Kapitel 2.2.4.)

4.1.4. Bei der Negation ist das Weglassen des „ne" der Normalfall. (Siehe
Kapitel 2.2.7.)

4.1.5. Bei der Einführung der verschiedenen Fragemöglichkeiten ist die Bedeutung der „est-ce que-Frage" erheblich zu reduzieren. Die Intonationsfrage ist sowohl bei der Entscheidungs- als auch bei der Ergänzungsfrage die Standardform. (Siehe Kapitel 2.2.6.)

4.1.6. Auf das Üben von „ce sont" vor Nomen oder unverbundenen Personalpronomen im Plural kann verzichtet werden. Auch vor nominalem und pronominalem Plural heißt es immer „c'est". (Siehe Kapitel 2.2.3.)

4.1.7. Vor voranstehenden Adjektiven im Plural ist neben „des" auch das verkürzte „de" zu vermitteln. (Siehe Kapitel 2.2.5.)

4.1.8. Zum Ausdruck der Futurität sind Futur simple und Futur composé beides Standardformen und entsprechend zu üben. (Siehe Kapitel 2.2.8.)

4.2. Unsere Untersuchung zeigt weiterhin, dass sich die größte kommunikative Rentabilität ergibt, wenn beim Üben die folgenden Schwerpunkte gesetzt werden:

4.2.1. Die „mise en relief" mit „c'est ... qui" und „c'est ... que" kann gleichgewichtig geübt werden.
Bei der „mise en relief" mit „c'est ... que" sollte vor allem die Einbettung adverbialer Bestimmungen in der Form von Präpositionalphrasen gefestigt werden. (Siehe Kapitel 3.1.)

4.2.2. Bei den unverbundenen Personalpronomen ist die Verwendung von „moi" und „toi" nach den Präpositionen „pour" / „avec" / „chez" / „de" besonders wichtig. (Siehe Kapitel 3.2.)

4.2.3. Beim Üben der Relativpronomen „qui" und „que" sollte „qui" mit einem personalen Nomen im Singular als Bezugswort im Vordergrund stehen. Das Relativpronomen „que" ist deutlich weniger übenswert. Wenn es vorkommt, sollten als Bezugswörter vorrangig Nomen im Singular gewählt werden, die quantitiv gleichgewichtig personal und nicht-personal sind. Bei „ce qui" und „ce que" liegt der Schwerpunkt bei „ce que", vor allem in Verbindung mit dem Verb „savoir". Das Relativpronomen „où" kann weitgehend vernachlässigt werden, „dont" und „lequel" (mit seinen Varianten und Zusammensetzungen) vollständig. (Siehe Kapitel 3.3.)

4.2.4. Beim Gérondif kann auf das Üben der konditionalen Funktion verzichtet werden. (Siehe Kapitel 3.4.)

4.2.5. Bei den Konditionalsätzen lohnt sich in absteigender Reihenfolge vor allem das Üben der folgenden Kombinationen: Si-Satz: Présent, Hauptsatz: Présent; Si-Satz: Présent, Hauptsatz: Futur simple; Si-Satz: Imparfait, Hauptsatz: Conditionnel présent. (Siehe Kapitel 3.5.)

4.2.6. Die wichtigsten Subjonctif-Auslöser sind: „il faut que ... ", „je veux que ...", „tu veux que ...?" (Frage), „j'aime que ...", „j'aimerais que ...". Bei den Subjonctif-Formen ist vor allem der Singular von „être", „avoir" und „aller" übenswert. (Siehe Kapitel 3.6.)

4.2.7. Bei der Zeitenfolge ist vorrangig der mit der Konjunktion „que" eingeleitete abhängige Nebensatz zu üben. Geht es um übergeordnete Verben in einem „Nicht-Passé-Tempus" sollten die folgenden Ausdrücke im Présent vorkommen: „je crois (bien / même) que ...", „tu crois que ... ?" (Frage), „je sais que ...", „tu sais (très) bien que ...", „vous savez (très) bien que ...", „j'espère que ...", „t'es sûr(e) que ...?" (Frage). Schwerpunkt des Übens ist die Zeitenkombination Hauptsatz: Présent, Nebensatz: Présent. Geht es um übergeordnete Verben in einem „Passé-Tempus" sollten die folgenden Ausdrücke im Passé composé bzw. Imparfait vorkommen: „j'ai dit que ..." (auch mit Objektpronomen und verneint), „tu (m') as dit que ... ", „Je croyais que ... ", „J'ai cru que ... ", „je pensais que ... ", „j'ai pensé que ... ". Schwerpunkte des Übens sind die Zeitenkombinationen Hauptsatz: Passé composé, Nebensatz: Imparfait sowie Hauptsatz: Imparfait, Nebensatz: Imparfait. Wird die sogenannte Zeitverschiebung gezielt geübt, sollte der Schwerpunkt bei der Transformation des Présent ins Imparfait liegen. Außerdem sind noch in weit geringerem Maße untergeordnete Nebensätze mit „ce que" übenswert, aber nur nach übergeordneten Verben im Présent. Es sollte der Ausdruck „je sais (pas) ce que ..." vorkommen. Das untergeordnete Verb steht dann auch im Présent. Unterordnungen mit „ce que" nach übergeordnetenVerben in einem „Passé-Tempus" sowie allgemein Unterordnungen mit „ce qui", Fragewörtern und der Konjunktion „si" können vernachlässigt werden. (Siehe Kapitel 3.7.)

4.2.8. Hinsichtlich der Morphologie des Imparfait sind bei den unregelmäßigen Verben die Singularformen von „être", „vouloir", „avoir" und „aller" besonders übenswert. Bezüglich der Funktion des Imparfait d'aspect sind vor allem solche Situationen zu konzipieren, in denen aus einem präsentischen Kontext heraus ein isoliertes Imparfait als Zustandsbeschreibung vorkommt. An zweiter Stelle stehen Situationen, in denen sich ein Imparfait, gleichfalls als Zustandsbeschreibung, von einem Passé composé absetzt. Als Zustandsverb ist besonders „avoir" zu üben. Die Imparfait-Funktionen der Gewohnheit und der Gleichzeitigkeit können bei den Übungen vernachlässigt werden. Die Übungskontexte sollten mehrheitlich aus Einzelsituation innerhalb des dialogischen Sprechens bestehen und nicht das längere mündliche monologische Erzählen von Vergangenheitsereignissen verlangen. Auf die Verwendung sogenannter „Signalwörter" zur Steuerung des Tempusgebrauchs kann verzichtet werden. Die Schülerinnen und Schüler erfahren, dass sie bei „vouloir" und „être" im Zweifel das Imparfait setzen sollten. Einige Verwendungen des Imparfait d'aspect können wie feststehende lexikalische Einheiten gelernt und in Übungen gezielt abgerufen werden. Hierzu gehören:

je pensais que ...	ich dachte, dass ...
je croyais que ...	ich glaubte, dass ...
j'étais ...	ich war ...
t'étais ...	du warst ...
il / elle / on / ‚Nomen' était ...	er / sie / man / ‚Nomen' war ... / wir waren ...
c'était ...	das war ...
sowie das „Imparfait d'atténuation":	als Entsprechung für:
je voulais dire / savoir / ...	ich wollte sagen / wissen / ...

Zusammenfassend ist zu empfehlen, das Imparfait d'aspect zwar im beschriebenen Umfang zu üben, aber auf eine notenrelevante Sanktionierung von "Fehlern" zu verzichten. (Siehe Kapitel 3.8.)

5.   Schluss

Die Ergebnisse der Untersuchung können eine Hilfe sein bei der Frage „Quel français enseigner?". Didaktische Materialien haben hier eine Leitfunktion. Situationen, in denen die normale gesprochene Umgangssprache zu erwarten ist, sind vor allem in den Lehrwerken der Sekundarstufe I sehr häufig vertreten. Die dort verwendeten grammatischen Strukturen werden in grammatischen Beiheften erläutert, sie finden sich in den Tonaufnahmen und in den entsprechenden Texten der Lehrwerke wieder.

Natürlich ist die Repräsentativität der vorliegenden Untersuchung unsicher. Trotzdem könnten die Ergebnisse Anlass sein, Konsequenzen zu bedenken. Bezugspunkt ist hierbei der Französischunterricht in der Sekundarstufe I.

Die vorliegende Arbeit untersucht die Frequenz bestimmter grammatischer Strukturen in einem Corpus, das nach unserer Definition eine „Standardversion der normalen gesprochenen Umgangssprache" repräsentiert. Aus dem Ergebnis werden didaktische Empfehlungen abgeleitet, die natürlich zunächst auch nur für diejenigen Teile des Unterrichts bzw. der Lehrwerktexte und -übungen gelten, in denen es um die „normale gesprochene Umgangssprache" geht. Sind einige der Empfehlungen auch für die geschriebene Sprache relevant? Festzustellen ist: Es bietet sich kein Corpus an, das als „Standardversion einer geschriebenen Umgangssprache" bezeichnet werden könnte. Gibt es ein geschriebenes Corpus, das den bei PBLV definierten Kriterien entsprechen würde? Dieser Frage sollte nachgegangen werden. Ein Frequenzvergleich der untersuchten Strukturen in „Standardversionen der gesprochenen und geschriebenen Umgangssprache" ist uns jedenfalls zur Zeit nicht möglich. Die Frage, welche didaktischen Empfehlungen für die „normale geschriebene Umgangssprache" gegeben werden könnten, bleibt offen.

Literaturverzeichnis

PBLV   BESSON, Hubert (ab 2004): Plus belle la vie, saison 1, épi-
              sodes 1 à 7, DVD, © 2006 Edition vidéo France Télévisions
              Distribution

GER 2001   Gemeinsamer europäischer Referenzrahmen für Sprachen,
              Europarat Straßburg 2001, Langenscheidt Berlin, München
              2001

Klein /   KLEIN, Hans-Wilhelm / STROHMEYER, Fritz: Französische
Strohmeyer   Sprachlehre, Ernst Klett Verlag, Stuttgart 1958
1958

Klein /   KLEIN, Hans-Wilhelm / KLEINEIDAM, Hartmut: Grammatik
Kleineidam   des heutigen Französisch, Ernst Klett Verlag, Stuttgart 1983
1983

OG Fr 2009   BLUME, Otto-Michael, u.a.: Oberstufengrammatik Franzö-
              sisch, Ernst Klett Verlag, Stuttgart 2009

GBH EF C   Grammatisches Beiheft Etudes Françaises Neue Ausgabe C,
1959   Ernst Klett Verlag, Stuttgart 1959

GBH Cdb 2   ERDLE-HÄHNER, Rita (Hg.): Grammatisches Beiheft Cours
1976   de base 2, Ernst Klett Verlag, Stuttgart 1976

GBH CI 2   ERDLE-HÄHNER, Rita (Hg.): Grammatisches Beiheft Cours
1978   Intensif 2, Ernst Klett Verlag, Stuttgart 1978

GBH El 2   GÖLLER, Alfred (Hg.): Grammatisches Beiheft Echanges
1983   Edition longue 2, Ernst Klett Verlag, Stuttgart 1983

GBH Déc   GÖLLER, Alfred / SPENGLER, Wolfgang: Grammatisches
Sv 1995   Beiheft Découvertes Série verte 2, Ernst Klett Verlag, Stutt-
              gart 1995 (2. Auflage)

GBH Déc 3   KUNERT, Dieter / SPENGLER, Wolfgang: Grammatisches
2006   Beiheft Découvertes 3, Ernst Klett Verlag, Stuttgart 2006

GBH Déc Sj + Band + Jahr	CLOßEN, Marlène, u.a.: Grammatisches Beiheft Découvertes Série jaune 1–5, Ernst Klett Verlag, Stuttgart 2012–2016
Déc Sj +Band + Jahr	BRUCKMAYER, Birgit, u. a.: Découvertes Série jaune 1–5, Ernst Klett Verlag, Stuttgart 2012–2016
Abel 1998	ABEL, Fritz: Die Darstellung des Relativsatzes in vier verbreiteten Lehrwerken für den Französischunterricht in Deutschland, in: Udo L. Figge u.a. (Hg.), Grammatische Strukturen und grammatischer Wandel im Französischen. Festschrift für Klaus Hunnius zum 65. Geburtstag, Romanistischer Verlag, Bonn 1998, S. 1–48
Arrivé 1986	ARRIVÉ, Michel, u.a.: La grammaire d'aujourd'hui; guide alphabétique de linguistique française, Flammarion, Paris 1986
Béchade 1989	BÉCHADE, Hervé-D.: Syntaxe du français moderne et contemporain, Presse Universitaire de France, Paris 1989 (2e édition revue et corrigée)
Chevalier 1964	CHEVALIER, Jean-Claude, u.a.: Grammaire du français contemporain, Larousse, Paris 1964
Grevisse 1980	GREVISSE, Maurice: Le bon usage, Klett / Duculot, Stuttgart / Gembloux 1980 (11e édition)
Hunnius 1988	HUNNIUS, Klaus: Français parlé – ein problematisches Konzept, Zeitschrift für romanische Philologie 104 (1988), S. 336–346
Hunnius 1991	HUNNIUS, Klaus: „T'as vu?" Die Deklination der klitischen Personalpronomina im Französischen, Zeitschrift für französische Sprache und Literatur 101 (1991), S. 113–124
Hunnius 2015	HUNNIUS, Klaus: Das sogenannte Imparfait de concordance im Spannungsfeld von Temporalität und Modalität, Zeitschrift für französische Sprache und Literatur 125/3 (2015), S. 227–241

Krassin 1994	KRASSIN, Gudrun: Neuere Entwicklungen in der französischen Grammatik und Grammatikforschung, Niemeyer, Tübingen 1994, Romanistische Arbeitshefte 38
Schafroth 1993	SCHAFROTH, Elmar: Zur Entstehung und vergleichenden Typologie der Relativpronomina in den romanischen Sprachen. Mit besonderer Berücksichtigung des Substandards, Niemeyer, Tübingen 1993
Schrott 1997	SCHROTT, Angela: Futurität im Französischen der Gegenwart. Semantik und Pragmatik der Tempora der Zukunft, Gunter Narr Verlag, Tübingen 1997
Söll / Hausmann 1974 / 1980	SÖLL, Ludwig: Gesprochenes und geschriebenes Französisch, Erich Schmidt Verlag, Berlin 1974, 2., revidierte und erweiterte Auflage bearbeitet von Franz Josef HAUSMANN, 1980
Weinrich 1977	WEINRICH, Harald: Tempus. Besprochene und erzählte Welt. 3. Auflage. Stuttgart, Berlin, Köln, Mainz: Kohlhammer 1977
Weinrich 1982	WEINRICH, Harald: Textgrammatik der französischen Sprache, Ernst Klett Verlag, Stuttgart 1982
Wilmet 1997	WILMET, Marc: Grammaire critique du français, Duculot/Hachette, Paris 1997

Französischdidaktik im Dialog (FDD)

Herausgegeben von Michael Frings und Jens F. Heiderich

ISSN 2191-8155

1   *Michael Frings & Frank Schöpp (edd.)*
     Varietäten im Französischunterricht
     I. Französische Fachdidaktiktagung (Gutenberg-Gymnasium, Mainz)
     ISBN 978-3-8382-0224-2

2   *Michael Frings & Jens F. Heiderich (edd.)*
     Ökonomische Bildung im Französischunterricht
     II. Französische Fachdidaktiktagung (Gutenberg-Gymnasium, Mainz)
     ISBN 978-3-8382-0244-0

3   *Christophe Losfeld & Eva Leitzke-Ungerer (edd.)*
     Hundert Jahre danach ... *La Grande Guerre*
     Konzepte und Vorschläge für den Französischunterricht
     und den bilingualen Geschichtsunterricht
     ISBN 978-3-8382-0795-7

4   *Michael Frings, Sabine E. Paffenholz & Klaus Sundermann (edd.)*
     Vernetzter Sprachunterricht
     Die Schulfremdsprachen Englisch, Französisch, Griechisch, Italienisch, Latein, Russisch
     und Spanisch im Dialog
     Akten einer Fortbildungsreihe des Bildungsministeriums und des Pädagogischen
     Landesinstituts Rheinland-Pfalz
     ISBN 978-3-8382-0850-3

5   *Rudolf Hildebrandt*
     Plus belle la vie – Standardstrukturen im gesprochenen Französisch
     Vademecum für ein effizientes Üben
     ISBN 978-3-8382-1170-1